マクルーハンはメッセージ

メディアとテクノロジーの未来はどこへ向かうのか？

服部桂

イースト・プレス

はじめに

フェイスブックの利用者が2017年6月に20億人を突破し、毎日8億回も「いいね！」が押されているという。サービス開始から13年で、規模だけで比較すると、中国の人口14億人を上回る世界最大のデジタル国家が出現したことになる。日本のインターネット利用者もとっくに1億人を突破し、6割近い人がパソコンやスマートフォンを使っているとされ、デジタル・メディアによる社会生活の変容が語られない日はない。

しかし、いろいろなサービスの勢いのある数字を聞いても、こうした物事の本質を理解できたと思えないのはなぜだろう？　情報化に伴う論議はどれも情報の細分化や量の拡大による複雑化や多様化へと拡散していき、われわれの感じるリアリティーと逆の方向に発散していくような印象を与える。そうした中、1960年代に活躍したマーシャル・マクルーハンが再び注目されている。

彼はテレビを中心とした電子メディアに対し、「メディアはメッセージである」「グローバル・ビレッジ」「ホットとクール」といった短いフレーズをキーワードに、その本質をズバリと突く論を展開した。そしてこれらの言葉は、カナダの一介の英文学者マクルーハンを、ニュートンやダーウィン、アインシュタインなどと並び称される世界的な有名人にまで押し上げた。

マクルーハンは51年に『機械の花嫁』、62年に『グーテンベルクの銀河系』という本を出して注目され、64年に『メディア論』（メディアの理解）を出すことで、当時はまだその意味合いがはっきりしていなかったテレビを中心とした電子メディアの姿を、これらの独特な表現で理論化して世に問うた。それらの言葉は当時は明確に理解されることはなかったが、時代の気分にマッチしたキャッチフレーズとして流布して世間に旋風を巻き起こし、「マクルーハン・ブーム」という言葉さえ生み出した（日本で「ブーム」なる言葉が注釈なしに用いられるようになったのもこの頃だろう）。

そして60年代の若者を中心としたカウンター・カルチャーの大きなうねりの中でポップの教祖と崇められたマクルーハンは、ジョン・レノンやティモシー・リアリーに面会を求められ、ウディ・アレンに映画に出演させられ、テレビのショーや講演会に引っ張りまわされているうちに、他のムーブメントのアイコンと同じように消費され、やがて70年代には表舞台から姿を消していった。

マクルーハンは風刺の効いた警句をいくつも作っており、それらをさっと眺めるだけでもメディアについて考えさせられるが、これらのうち「メディアはメッセージである」という言葉は、マクルーハンのメディア認識の核になる命題とも考えられており、つとに有名なものだろう。これはメディアが伝える内容（メッセージ）ではなくメディアの持つ本来の性質（メッセージ）を理解すべきだと主張するもので、「メディアこそメッセージである」と言い換えたほうが分かりやすいかもしれない。マクルーハンはこの言葉で、メディアを形作る前提を無視してメディアを中立的で無色透明なものと考え、内容ばかりに目が行く表層的な論議を戒めた。

またマクルーハンが言うメディアとは、『メディア論』のサブタイトル「人間の拡張」にも謳われている通り、人間の身体や感覚の拡張を助けるもの全般を指すかなり広い概念だ。彼はアルファベットから本、テレビ、コンピューターに至る人類の文明を支えてきたメディア自身の持っている特性、つまりメッセージを読み解くことで、われわれの社会や文明に対する洞察が得られ、それがひいては自らの拡張であるメディアの中に溺れた人間を解放してくれるのではないかという希望を抱いていた。

彼は英文学者として太古からのメディア状況をつぶさに観察し、新しくやってくるメディアの状況を読み解くヒントがすでに過去のメディアの歴史に書かれていることを見抜いていた。そしてテレビもろくに見ないメディア学者として、時代の引力に束縛されることなく勝手気ままに上空から誰も知らない風景を見つつ、世間を煙に巻くような警句を繰り出した。

いまではマルチメディアやデジタル・メディアという言葉が一般化し、「メディア」という言葉をタイトルに冠した本が市場にあふれかえっているが、60年代にメディアといえばマスメディアと同義語で、すなわちそれがテレビを指していた。そんな時代にメディアを今日的なもっと大きな枠組みで明確に捉え、その本来の性質に注目して理論化することで社会や文明に対する新しい知見が得られる、と考えたマクルーハンは驚くほど先見の明があったと言うべきだが、彼の言葉はテレビの未知の可能性に熱狂していたその当時の感覚とは少々ずれていた。

90年代に入り冷戦構造も崩壊したポスト戦後を模索する社会では、インターネットの出現を目のあたりにして、そのインパクトや意味合いをどう受け止めるべきかについて、60年代と同じような混乱が生じていた。ところが、新しいメディアとして顕在化したインターネットを表現する言葉に、マクルーハンが用いたグローバル・ビレッジ、モザイク、クール、サーフィンといった流行遅れになったはずの言葉がかえって新鮮に響くようになり、電子メディアの地殻変動に敏感な人たちの間では、マクルーハンのメディア論の中に電子メディアの本質が述べられていると考え、彼の業績を再評価する動きが相次いだ。

ずっと昔に目の前から去ったマクルーハンは、その時代を共に過ごしたベビーブーマーや団塊世代の人々の心の底にしまい込まれたままだったが、その記憶が発する鋭いパルスは時代の雑音に掻き消されることなく、誰かの耳には届いていたに違いない。

そうとはいえ、各所で引用されるマクルーハンの言葉は、ほとんどの人にとっては化石と化した60年代のキャッチフレーズとしてしか記憶されていないのが現実だ。彼の著作は独自のスタイルで書かれており、かつて英国の雑誌で「書いてあること（matter）より書き方（manner）が難しい」と評されたように、ある意味読みづらく、理論の一部の言葉だけが世間で勝手に解釈されて一人歩きしている。

またマクルーハンが60年代の数年間に大きなブームになってしまったため、ブームをサカナにしたマスコミや評論家と、逆に危うさを感じた社会学者などとの間に大きな確執が生じ、その後のマクルーハンの理解を遠ざける結果にもなっている。そのため、マクルーハンと彼の理論を理解しようとする努力は、何重もの壁に阻まれたような閉塞感の中で行き場を失っていた。

本書はそうしたいくつかのギャップに橋渡ししたいとの想いで書かれたものだ。著者はマクルーハン研究の専門家ではないメディア業界に属するアウトサイダーであり、ある意味典型的な一般の読者にすぎない。しかし、マクルーハンが活字の呪縛にがんじがらめになっているわれわれ現代人に、「目ばかりに頼るな。あなたの視点はただの一つのものにすぎない。書かれている文字に目を凝らすのではなく、もっと他の感覚を動員しろ」と警句的なスタイルで語りかけてくるメッセージに、目覚まし時計のような響きを感じる。そして、コンピューター、マルチメディア、インターネット、バーチャル・リアリティー、デジタル放送という、より多くの五感を動員するデジタル・メディアが一般化した現在こそ、テレビ全盛期には難解だった彼のメッセージは、より意味を持ってくると考える。そこで本書では、今日的な視点からマクルーハンを再読してみたいと思う。

本書の構成は4章から成る。第1章では『グーテンベルクの銀河系』や『メディア論』を基にマクルーハンの理論を、第2章ではマクルーハンの人物像と彼に対する社会の評価を、また第3章ではマクルーハンの理論に従って、インターネットの作り出す世界を理解する試みを行ってみた。そして第4章では、2011年に生誕100年を迎えたマクルーハンの現在と未来について、新たに考察を加えてみた（引用はみすず書房の『グーテンベルクの銀河系』と『メディア論』からさせていただいたが、短いものについては原文から著者が意訳したものもあることをお断りしておく）。

マクルーハンを再読する試みは、苦しくもまた楽しい作業だった。ときには彼のメタファーの万華鏡のような世界に落ち込み、自らの居場所や方向性を見失ってしまいそうになったが、いままで読み落としていた論点にふと気付かされることも多く、マクルーハンという人の奥の深さに改めて感心することも度々あった。専門家でない著者の誤読と、無知による大胆な解釈が読者に誤解を与えることを恐れるが、もともと多様な読み方を許すマクルーハンの著書を相手にした無謀な試みとしてご容赦いただきたい。

本書を読んで大いに疑問を感じていただき、読者がマクルーハン本人の著書に直接向かおうと感じていただければ、このささやかな試みのかなりの部分は成功したと思える。

はじめに　1

第1章　メディアのパラドックス　9

第2章　マクルーハンの理解　61

Herbert Marshall McLuhan（1911-1980）　写真：AP/アフロ

第1章　メディアのパラドックス

クギ世界からの脱出

「メディアはメッセージである」という言葉は、マーシャル・マクルーハンの最も有名な著書『メディア論』の第1章のタイトルにもなっている。彼の著書は独自のスタイルで書かれているため取っ付きにくいところがあり、その理論の中身よりこうしたいくつかの特異な言葉だけがキャッチフレーズとなって一人歩きした。マクルーハン自身も、「この本を読んだ者はほとんど誰もおらず、仮に読んでいたとしてもこの本の第1章の見出しに眼を通した程度のことだった」と、この言葉が特に有名になった理由を自嘲とも彼一流の皮肉ともつかない言い方で回想している。

その上、本人が「メッセージ」を「マッサージ」に代えて『メディアはマッサージである』という本を出したり、「メッセージ」の綴りをいろいろ変えては言葉遊び（mess-age, mass-age, ma sage他）をしたので、人々は混乱したり、不真面目に世間を皮肉っていると感じた。またこの言葉を、「メディアの伝える内容としてのメッセージを軽視し、テレビの低俗番組を容認している」と解釈する向きもあり、マクルーハンは当時の言論界の問題児としての扱いも受けた。ところが彼はこうした反応に対して、「私は説明しない、探究（explore）するのみ」と答えたため、世間はますます疑心暗鬼にかられることになる。

しかしその一方で、こうした不可解とも思える言葉は世界中で取り上げられブームを巻き起こし、マクルーハンをダーウィン、フロイトやアインシュタインに並ぶ思想家として評価する声も上がり、メディアはこぞってこれを取り上げた。マクルーハンの言動は、なぜこれほどまでの相反する世間の反応を巻き起こすことになったのだろうか。それには、彼が駆使した独自の方法論とその時代の特殊な状況が関係していた。

マクルーハンはまず、こうした言葉を定義や定理として提示するというより、それらをメディアの世界に放り込み、その結果生じる変化を観察しながらメディアの本質を探り出そうとしていた。例えば彼が使った「ホットとクール」「聴覚的空間と視覚的空間」といった対立概念をいろいろなメディアに当てはめてみると、それによって切り開かれた差異の中に、メディアの持つ特性の本質が垣間見られる。マクルーハンはそれらの言葉自体の正当性を主張するというより、メディアの宇宙を探査(probe)する道具として使ってみるよう提案した。

それはちょうど物理学者が粒子加速器を作って、高速の粒子を対象の物質に打ち込み、その曲がり具合から物質の成り立ちを探ろうとする作業にも似ている。物質が擾乱によってリアクションを起こすことで、それが誰も知らないもっと深い物質の秘密のヒントを与えてくれるように、言葉の探査機に対してメディアの起こすリアクションもわれわれの知らないメディアの側面を探り出してくれるかもしれない。そしてその言葉がどれだけ発見をもたらすかで、その信頼性を検証することもできる。

ところが普通われわれは、新しいトレンドや不可解な現象が生じたとき、その時点での常識を当てはめてそれを理解しようとする。しかし融通無碍な未知のメディアの世界を、自分の知っている言葉で観念的に分類して箇条書きにしてみても、それは自動車を最初に「エンジン付き馬車」と呼んだり電話を「話す電報」と称したりしたように、現在を接ぎ木したいびつな姿しか現さず、われわれの想像力の限界を露呈するものにしかならない。そしてそれらの表現は、結果的には新しいメディアの特性と大きくずれたものになってしまう。それにマーク・トウェインが言ったとされる「カナヅチにとっては世界がクギにしか見えない」という言葉のように、あるメディアの中に生まれ育った人間にとっては、そのメディアがすでに自らのリアリティーを形作る前提のフィルターになってしまい、説明する対象を説明の前提として使うという自家撞着的な行為に終始してしまう結果にもなる。

しかし、せいぜいドライバーとなって、世界をネジとして見るとどうなるのかと考えることはできないものだろうか？　また、バックミンスター・フラーなどが好んで用いた、自分が火星人だったら地球の今のメディアをどう見るだろう、と比喩を使って思考実験をしてみるのも有効かもしれない。そうすれば、われわれが知らないうちに論議の前提としている隠れた条件を見直すことが可能になるだろう。

しかしカナヅチが自らドライバーに発想を転換できるような、概念の飛躍は口で言うほど容易なことではないし、火星人が発見されていない以上、「火星人の視点」なるものも、われわれの限られた想像力の産物にしかすぎない。それならば、逆にこちらから変化を起こして場を変える、という攻めの姿勢も試してみる価値はあるのではないだろうか。

また新規な理論やアイデアが生まれるのは、その時代を作っている固有の流れが変わって見えない何かのポテンシャルが高まり、それに対していままでの方法が役に立たなくなる不可解な現象が起きるときでもある。それらは往々にして、問題意識を持った人の目には次の時代の前兆として映り、それが理解された瞬間に世界の見方を大きく変えることになる。これらは後から考えれば、偶然の産物というより、その時代が作り出した特有の現象が顕在化する前のいろいろな兆候であり、それを意味として把握できる感覚を持った人が最初に捉えたことによる必然的な結果とも解釈できる。

その兆候はなぜか、誰もが集まる中心というより、いくつかの領域が交わる周辺や辺境の地域、「カッティング・エッジ」と呼ばれる最先端のテクノロジーが活躍する場面で起きることが多い。マクルーハンは「フロンティアでは誰もがそれまでのアイデンティティーを失って無名となり、それを取り戻そうと暴力的になる」と指摘しているが、こうした時代のフロンティアでもそれまでの価値観や習慣は通じなくなり、新しいアイデンティティーを求める争いが頻発することになる。

マクルーハンが活躍した時代は、戦後にテレビという電子メディアが大いに普及した時期と重なり、そこには現在のインターネットが巻き起こしているような新しい変化が起きつつあった。人々は新しいメディアの変幻自在な姿に目を奪われていたが、もともとそれとは無関係な場所にいた英文学者マクルーハンの目には、なぜかその変化の意味がはっきりと把握できていた。

エリザベス女王の苛立ち

『メディア論』のイントロダクションの冒頭には、57年7月7日付の『ニューヨーク・タイムズ』の記事が引用されている。

ある保健指導員が今週報告したところによると、小さなネズミがたぶんテレビを見ていたのであろうか、小さな女の子とペットの大きなネコに襲いかかったというのだ。……ネズミもネコも生命に別状はなかったが、この出来事はなにかが変わりつつあるらしいことを思い出させるものとしてここに記しておく。

マクルーハンはこの記事自体については何の説明もしていない。このエピソードはテレビが普及し始めた時代に、(追い詰められたネズミではなく)ただテレビを見ていたネズミがネコを噛んだ、という常識では考えられないような事件を淡々と伝えているだけだ。それは何を意図して引用されたのだろうか。まるでテレビによってネズミが凶暴化したようにも読めるが、それは彼の意図するところではないだろう。むしろこの記事は、テレビというメディアが環境化することで起きる大きな変化の兆しをまだ誰もが計りかねている最中に、大地震などの天変地異の前に小動物がいっせいに騒ぎ出すようにネズミが反応した、という例として引用されたのではないだろうか。

マクルーハンはこの本のペーパーバック版の序文で、メディアが環境化するとその影響が見えなくなることを指摘し、その環境を意識させて見えるものにしてくれるのは現在の環境に対抗する「反環境」としての芸術しかないと述べている。そうした芸術はそれを感じ取った芸術家の感性を通して形となり、理路整然と変化の理由を説明してくれるというより、われわれを仰天させるような仕方で世に現れては論争を巻き起こす。

例えばそれは、キュビスム運動が20世紀の初めに衝撃的なデビューをしたときにも起きた。その時代、X線が外側から内側を見ることを可能にし、動力飛行機の発明によって地図は平面から三次元に一気に拡張され、映画の発明による動的な空間表現が可能になることで、ルネッサンス以来の一つの固定的な視点から空間を表現する立場は大きな挑戦を受けていた。キュビスムは結局、19世紀末から20世紀初頭にかけての、空間認識を大きく変えるメディアの発明によって生じた感性の歪みを、いち早く形にして表現したものと考えられている。

また同じ頃にアインシュタインは、空間は空虚で均質な場所でなく、その中にある物質によって曲がってしまうことを相対性理論で示し、その後の宇宙観を塗り替えることになる。時代のうねりは、まったく違う分野にそれぞれ大きな影響を与えたが、まずそれを直感的に表現したのは芸術家だった。現在のインタラクティブ・アートやメディア・アートと呼ばれる鑑賞者が参加できるコンピューターを使った作品も、ただテクノロジーを面白がっているというより、デジタル・メディアによる情報との新しい関係の予感を、感性に訴える形で表現したものと解釈すべきだろう。

またマクルーハンは「誰が水を発見したかは知らないが、それが魚でないことだけは確かだ」という言葉を好んでいた。それは物事の渦中にいる人には自分のことは分からず、外から見ている人にしか全体は客観的に把握できないという意味だ。そして魚は釣り上げられて、初めて自分が「水」というものの中に居たことを発見することになる。「現在」という名の水にどっぷりと浸り、釣り針の餌に幻惑されているわれわれに対して、魚の仲間は何も忠告はしてくれない。時代の変化は、目先の欲望に神経を集中する人より、むしろそれと距離を取って観察できる人や、本来自分が持っているすべての感覚を働かせることができる動物や芸術家のアンテナに語りかけてくるのだ。

マクルーハンが注目された60年代は、テレビという電子メディアが戦後生まれのベビーブーマー、もしくは団塊の世代の新しい感性を醸造しつつあった。テレビ放送はすでにいくつかの国では第二次大戦前から開始されていたが、戦争の混乱で停滞し、本格的な放送が始まったのはいずれも戦後のことだ。米国では50年に600万台だった受信機が60年代初期には6000万台に達する勢いで普及し、テレビは戦後世代にとって生まれたときから一緒に育った「水」のようなメディアとなっていた。

日本では64年の東京オリンピックを機にテレビのカラー化が完了し、70年までに世帯普及率は90%を超えた。ところが当時のテレビに対しては、世間の風当たりは強かった。日本では大宅壮一の「一億総白痴化」論が出され、本や文書を基本においた教養や良識というものを揺さぶる脅威と考えられ、「活字離れ」を促進する低俗でスキャンダラスなメディアであるという評価しか聞かれなかった（何か昨今のインターネットに対する一時の批判とも似てはいないだろうか?）。欧米でもその状況は大して違わなかった。

それに対してマクルーハンは、そんなことは何の問題でもなく、テレビとは番組内容にかかわらず本来そうした性質を持ったものであり、さらには人間を解放する新しい可能性を持つメディアで、これまでの活字文化こそ人間を抑圧していると主張した。世間は従来の論理と逆行しているようなマクルーハンの表現に虚を突かれ、そのレトリックに困惑し、そうした指摘が本当なのかといぶかった。そして、結論がすぐには出ないと分かると飽きて放り出した。

マクルーハンは『メディア論』の中で、テレビに代表される電子メディアの表面の下に隠れた本質を見えるものにしようと試みることで、メディアというもの全般の正体を暴き出そうとしたが、それを当時の人に納得させることはまだ難しかった。しかし現在のわれわれは、テレビの作り出した環境から、インターネットに代表されるデジタルの空気が作る霧や雲の支配する世界へと釣り上げられようとしている。

いまや従来のテレビやラジオはパソコンの一つの付加機能として取り込まれてしまい、デジタル放送になることでインターネットと融合して形を変え、デジタル・メディアという大きな枠組み中の一つの表現となることで、より客観的に捉えることが可能になってきている。そういう意味で、いまこそテレビの本質やそれを含む電子メディアの実像を語れるときが来ているのではないだろうか。

現在のデジタル・メディアによる変化は、まさに60年代のテレビが引き起こした波紋を超えたインパクトを持ってわれわれの社会に押し寄せつつある。まだ誰もその全容を確認できるまで時間は経っていないものの、周りを見回してみると、そこにはこの記事が書かれたときのような環境激変の影響のせいではないかと思われる、奇妙な出来事がいろいろと起きている。

2000年11月14日付のロイターによると、英国のエリザベス女王は、バッキンガム宮殿内で王室のスタッフが携帯電話を持ち歩くことを禁止した。『サン』紙の伝えるところによると、女王は外国の要人との公式晩餐会などの途中にふいにかかってくる携帯電話の音に悩まされ、禁止措置を発令したとのことだ。宮殿のスポークスマンは「これは常識とマナーの問題で、世界のどの王室でも勤務中は禁止されている」と言っており、携帯電話の会社もそれに賛同するコメントを出している。

携帯電話は従来の電話と違い個人に直接アクセスができるため、公務が私的な外部の影響を受けることになり、それをマナーで厳密に分けることも難しい。一般的にも公的な場所で携帯電話の利用を制限することは行われており、この話は一見もっともな措置とも思える。しかし、なぜ女王陛下が直々に携帯電話ごときに不快感を示し、公式に禁止令を出したりしたのだろうか。

実はバッキンガム宮殿とまったく同じようなことが、20世紀初頭にオーストリア・ハンガリー帝国の時代にウィーンにあるホーフブルク宮殿でも起きていた。当時のフランツ・ヨーゼフ皇帝は、宮廷内に電話ばかりか電灯をも引くことを禁じ、自動車やタイプライターも使わせないという堅物だった。宮殿にアクセスするには、社会的にしかるべき地位にある人が、人的関係を通してふるいにかけられながら選別されていくものだが、電話は召使いの取次ぎも招待状も関係なく直接的に物事を動かしてしまい、旧来のルールを一気になし崩しにする。皇帝の目にとって電話は、君主とどれだけの距離にあるかによって特権的な地位が決まる貴族社会のルールを破壊するふとどきな存在に映ったのだ。

もちろん、電話番号を公表せず利用を制限することも可能だろうが、一旦外部とつながった宮殿はもう神聖な場所ではなくなってしまう。知らしめず寄らしめず、という権威の基盤にある情報の非対称な構造が、気軽にアクセスが可能な電話によって均等化され、一気にオーラを消失してしまう危険性を、皇帝は敏感に感じ取ったのだろう。

貴族社会に限らず、これまでの組織や体制は多かれ少なかれ、人的な階層構造が空間的な距離によっても保証されてきた。電話はこうした距離感を無視して一気に社会的空間構造を破壊し、電話番号という無機質な数字で、庶民も王室も何の区別もなく同じレベルで結んでしまう（英国の王室は開かれているものの、「エリザベス女王は携帯電話を持っているか」という質問に、スポークスマンは当然のように回答を拒否している)。結局エリザベス女王の反応は、具体的な弊害を予防するという実利面の体裁を取ってはいるものの、王室という存在の持つ時代への不快感の表明であるとも考えられる。

しかし、そうした感情は王室に特有なことではない。電話を個人生活に対する無遠慮な侵入とみなし、利用を生理的に拒否した作家や文化人も多く知られているが、宮殿で起きていた旧体制と電話の間で生じたギャップは、現在では家庭でも起きている。日本では最初、電話はまず会社などで用いられたが、目上の人が目下の人にかけるものとされた。つまり新しいメディアの利用法は、それまでの社会組織のコミュニケーションと同じパターンを踏襲することになった。

その後、電話が家庭に入ってくると、まずは客人が出入りする玄関に置かれ、客人の訪問と同じやり方で扱われた。電話がかかってくると、まずは家長などによって相手の関係や社会的地位がチェックされ、しかるべき後に呼び出された当人につながれた。少なくとも子どもの電話による外部との接触は、両親の監視の下で行われてきた。

家族関係や家長の権威は、メディアをどうコントロールするかという利用法に反映されてきた。ところが携帯電話の出現は、こうした家族の人間関係のフィルターを無視したがごとくに、家族の各人を直接外部とつなげてしまった。もはや両親が子どもの情報行動を把握することはほとんど不可能になり、家族のコミュニケーションのルールの変化が、家庭のあり方自体にも影響を及ぼしつつある。

マクルーハンは『メディア論』の中で、宣教師がかつてオーストラリアの土着民に鋼鉄の斧を無分別に与えた話を紹介している。宣教師は誰かまわず女性や子どもにも鋼鉄の斧を与えてしまい、それまでは男性が貴重な石斧を占有することで成り立っていた現地の文化を破壊してしまった。

彼はまた、産業革命における機械による大量生産のせいで手工業が衰退し、家長である男が女と同じ工場労働者になることによって、男の権威や地位が下がり、家庭崩壊や同性愛志向が広まったとも指摘している。つまり、いろいろなメディアの支配は権力の基本的要件でもあり、それを失うことは権力の失墜にもつながり、ひいては社会のあり方も変わってしまうことになる。

大規模なコミュニケーションを可能にするメディアは、常に国が主導し安全保障の問題と表裏一体になって運営されてきた。しかしデジタル・メディアが自由競争の中でより民間主導で進められる現在、その場はビジネスや家庭へも及んできている。今後も新しいメディアによってチャンスを得る者と、既得権を失う者の確執は常に生じてくるだろうが、それはいままでも世代や組織間で繰り返されてきたドラマでもある。それを害悪と見るか創造的破壊と捉えるかは、参画する人の立場によって違ってくる。マクルーハンは哲学者アルフレッド・ノース・ホワイトヘッドの「文明の大きな進歩は、その進歩が起きる社会をほとんどこなごなに壊すような過程である」という言葉でメディアの社会に与える影響を論じているが、それは現在発展中のデジタル・メディアにも当てはまるだろう。

王室が小さな個人の携帯電話に攪乱されている姿は、アリに驚くゾウの寓話を連想させるが、これらのことが何か滑稽に思える一方で、必ずしも特異なことには思えないのはなぜだろう。それは、いまやデジタル・メディアの登場で、このダビデと巨人ゴリアテの物語のようなことが、各所でいろいろなレベルで演じられているからではないだろうか。

電子メディアの倒置構造

現在の電子メディアの中心的な役割を担っているインターネットが話題にならない日はないが、もはやそれを使うということ自体がニュースになる時代は去り、スマートフォンやＩｏＴの普及でインターネットが環境化することにより背景へと隠れて見えなくなっていき、誰もその名前さえ口にすることがなくなる時代がやってくるだろう。

透明化の一途を辿るインターネットの姿は、やはりそれが現在のメディアや体制との間に引き起こす特異な現象を注意深く見つめることではっきりしてくる。そこでもまた、「エリザベス女王の苛立ち」と似た状況が多発している。

インターネットが90年代初頭に研究者の間の限られた利用から一般人に開放され普及し始めると、すぐにさまざまな「事件」が起こった。

企業は自社の情報が外部にもれることを怖れ及び腰になり、外とネットワークを相互につなぐことを禁止した。電子メールを使った社内コミュニケーションは、それまでの上意下達の情報伝達のルールを破壊し、社員が直接社長にメールを送るようなそれまでの序列を無視した逆方向の情報の流れが生じ、中間管理職を混乱させた（電話の普及段階でも同じような混乱が会社や組織内で生じていた）。

瞬時に国境を越えるインターネットを流れる情報は、国家間の争いや文化摩擦も巻き起こした。イスラム圏では米国のホームページ経由で流れるマドンナやマイケル・ジャクソンの過激な歌詞を国境で止められなくなり、訴訟が起きる騒ぎも生じた。アメリカの大学のポルノサイトが、当の大学ではなくロシアからアクセスされてその存在が明らかになり、大学当局によって閉鎖される事件も発生した。

89年の天安門事件では、国や国内のメディアが明かさなかった情報は、ファクスやインターネットの電子メール、またCNNのようなテレビを通して民衆に届いていた。アジアのいくつかの国や共産圏では、インターネットを介した西側からの情報を検閲してブロックしようとしたが、いまやそれは不可能な状態になりつつある。冷戦時代の諜報機関として活躍したCIAが調べるのに何日も要した情報が、インターネットで検索すると数十分で公開情報の中から探り当てられ、当局を慌てさせるような事件も起き、世界の体制が根本的に変化していることを実感させるような出来事が相次ぐことになる。

さらにインターネットが一般に普及し始めると、同じようなことがもっと日常のスケールで起こることになった。製品の不具合を企業へ訴えた一消費者が相手にされず、自分のホームページを使って抗議したところ、それがマスコミに取り上げられて逆に企業の広報担当者が非難されたり、CPUメーカーのバグ隠しのニュースがインターネットで世界中に広がり企業が謝罪せざるをえなくなったりする、消費者と企業の力関係が逆転するような事件が起きた。

こうした傾向は、これまで大企業や政府の論理をそのまま受容してきた大衆が発言の場を得ることで、民主主義的な理想を実現するものとして評価もされているが、一方では逆の弊害も起きている。子どもがポルノや有害な情報に容易にアクセスできるようになり、それをどう規制するか親や学校が頭を悩ませ、電子メールを使った子どもの誘拐事件が頻発して大きな社会問題になるなど、まずは弱年者が対象となる障害が指摘された。またインターネットを使った詐欺事件や炎上事件、個人の誹謗中傷による争いなどは後を絶たない。

これらは主に、従来の大が小を従え、情報や流通のチャンネルを持つ者が持たない者を支配する構図を、インターネットが逆転させたために起きたものだ。新しいメディアの出現は、それまでのメディアを支配することで成立していた社会構造に隘路を作り、新しい情報の流れを作り出す。そしてその新しいメディアを獲得し支配しようとする紛争を巻き起こす。メディアのテクノロジーは進歩すればするほど日用品化し、結果的に支配ではなく民主化を加速する傾向にあり、その流れを誰かが強制的に止めることはもはや不可能になりつつある。

インターネットで頻発する不正アクセスやポルノの流通、詐欺事件などの社会問題に対して法的に規制をかけようとする動きもあるが、従来のやり方はあまり功は奏していない。インターネットのプロバイダーが流れる情報の中身にまで責任を負うべきだとする論議や、従来の倫理観を押し付けたり盗聴を合法化したりして抑圧しようとする方法は根本的な解決に結び付かない。

マクルーハンは、メディアが引き起こす問題に対する困難さを、パスツールが細菌という目に見えないミクロな存在を前提に病気に対処しようとして、仲間の医者に拒絶され苦労した例になぞらえて語っている。もはやその時点で、外側から治す医療は内側から原因を取り除く方向に踏み出していたが、当時の医学界はそれを明確に意識することができなかった。同じように、新しいメディアが引き起こす問題には、従来の言葉や手法の延長線にはない外側からの対症療法ではない、内側からの予防医学のような新しいアプローチが必要になるだろう。

インターネットの初期の騒ぎが収まり、いよいよ電子コマースが本格的に論議され、社会インフラとしての認知が進んだと思ったとたんに、またインターネットを震憾させるような事件が発生した。

99年12月に米レコード協会（ＲＩＡＡ）は、ナップスター社を著作権侵害で連邦地裁に訴えた。ナップスター社は、ショーン・ファニングという学生が作った「ナップスター」というインターネット用のソフトを元に、ＭＰ３という形式にデジタル化された音楽の情報を自由に交換できるサービスを行っていた。目的の音楽データを検索すると、それを持っているナップスター会員の情報を紹介してくれ、会員同士が自動的にインターネットにつながった自分のパソコン内に入れてある音楽データを交換できるようになっている、いわば電子的な物々交換のシステムだ。

これまでの情報サービスは、どこかの特定のホームページに情報が集中的に保管されていたが、ナップスターでは情報は利用者が持ち、間に入るサービスは電話番号案内のような存在にすぎなくなる。ここで扱われるＭＰ３によるデータはほぼＣＤ並みの音質を実現でき、ＭＰ３間でコピーすれば品質の劣化はないので、オリジナルと同じものをいくらでも作ってインターネットで世界中に配布できる。

レンタルショップを通すわけではなく、個人間で直接データが交換されるため、当然のことながらレコード会社には何の収入も生じない。このため、レコード会社の製品が勝手にコピーされ商売されることに腹をたてたＲＩＡＡが提訴したわけだ。

メタリカやドクター・ドレーのように、配信差し止めを訴えるアーチストも出てくる一方、こうした音楽の流通がCDを売るための宣伝材料として有効だと判断して、サポートするグレートフル・デッドのようなアーチストも出てきた。ナップスター社は地裁からの業務停止命令を言い渡されたが、ドイツの国際的メディアグループのベルテルスマン社と組み、さらにはレコード業界に著作権料を支払う和解案を提示して有料化によってビジネスの存続を図った。

結局はレコード会社も、もはやデジタル音楽の流通は避けられない事態であることを認識し、徐々に自らがビジネスに乗り出す道を選び始めた。

またその一方で、さらにそれを推し進めたグヌーテラというソフトが増殖し始めた。グヌーテラは、世界最大のインターネット会社になったアメリカ・オンライン（AOL）の子会社のナルソフトが作ったソフトで、特定の情報管理コンピューターを介することなく（つまり案内役の中間業者もなく）、インターネットにつながった会員のパソコンにあるデータを、次々に伝言ゲームのように辿って目的のデータを探し出して、その後データを自動的に交換するものだ。

グヌーテラが対象とするデータはMP3に限定されず、あらゆる形式のデータを扱うことができ、管理者のいない匿名のネットワークを作ることができる。著作権を無視して不正にコピーされたデータを取引するブラックマーケットが簡単に作れることになり、すべてのデジタル化されたコンテンツを持つビジネスが脅威を感じることになった。音楽産業の次はハリウッドの映画が対象になると考えられ、映画会社やレンタルビデオ店が警戒を強めている。AOLはグヌーテラの存在を知って即座に配布を禁止したが、やはりこのソフトも一気に広がり、何千万人もの利用者に広がった。

インターネットの普及によって、個人がSNSを使って世界に向かってオンラインで雑誌や新聞を発行したり、ショッピングのサイトを作って商売をしたりと、商品やコンテンツを持つ大きな企業が何も持たない消費者に商品を売るというトップダウン式の構図が崩壊している。それは既存の大手企業にとっては、自分たちの牙城に土足で踏み込んでくる携帯電話のような存在で、規模は小さいとはいえ面白い存在ではないだろう。

大手の書店が無視していたアマゾン・ドット・コム（以下アマゾン）のようなオンライン書店が急成長して世界有数の通販サイトにまでなる、という逆転劇がしょっちゅう起こるインターネットでは、さらにいろいろなドラマが繰り広げられそうだ。そしてナップスターやグヌーテラというアリの出現は、利用者を主体に取り戻したボトムアップ式のビジネスとして、ゾウのような大企業を驚かせ、王室と民衆の立場を逆転するような大きな意味を持つものだと言える。

ナップスターやグヌーテラが大手ビジネスを苛立たせたのは、具体的には彼らが著作権を軸にした音楽ビジネス、広くはコンテンツ・ビジネスのルールを破ると考えられたからだ。しかしこのコンテンツ・ビジネス帝国の権利章典ともいえる著作権は、古代から神聖な権利として保障されていたわけではない。

著作権という権利が成文化されたのは、１７０９年のアン女王時代の英国でのことで、それが本格的に権利として一般化したのは19世紀になってからだ。著作権法の精神は国によっていろいろな解釈があるが、広くは「創造的活動を行う個人のオリジナルな活動を守り、創造性を確保するための」という精神の下に正当化されてきた。しかし、これまでいつもこの権利を主張してきたのは、少数の作家やクリエーターだけだった。

そもそも著作権が法制化される以前の世界では、それを権利として主張するような環境さえなかった。ダ・ビンチはフランソワ1世、ミケランジェロはユリウス2世などのパトロンのために創作活動を行っていたわけで、写本も1冊献上される工芸品のようなものであり、ごく限られた芸術家や筆者が特定の相手のために創作を行っている状況だった。そしてその作品の模写などがありえたにせよ、不特定多数の消費者向けに大量に複製されて売られることは前提にはなっていなかった。

もっとずっと時代を遡ってギリシャ・ローマの時代になれば、芸術はパトロンや王族ばかりか神を称えるためにあったわけで、それを創造した者の作家性など問題になるべくもなかった。ところが15世紀半ばにグーテンベルクが活版印刷を発明することで、本は大量にコピーすることが可能になり、1000部単位で同じ物が広い地域で売られるようになり、まずはコピーする権利（英語の著作権にあたるcopyright）として確立し、それが作家の自然な人格権と結び付けられて著作権として主張されるようになる。

マクルーハンによれば、活版印刷による本は初のマスプロ商品となり、商品としての価値を担保する目的から著作権というものを生み出したばかりか、現在の情報社会で危機が叫ばれているプライバシーやリテラシーという概念、さらには近代そのものを作り出したとされる。

では活版印刷とは何なのだろうか？　いまでは完全に日常化した活字文化は、それがない状態を想像するのも困難だが、活版印刷が発明された当初は、電話と携帯電話、テレビとインターネットの対比とは比較にならないぐらいの大きな影響を世の中に与えた。グーテンベルクの活版印刷は、それ以前の修道院を中心にした写本文化が一手に引き受けていた知識の独占を切り崩し、一般人が本を商品として大量生産できる道を開いた。それはある意味で、今日のインターネットの状況ともよく似ている。著作権というルールが現在、その存立基盤を問題にされるほど大きな論議の対象となっているのは、ある意味でそれを成り立たせている活字文化全体が電子メディアによって危機に瀕しているからでもある。

マクルーハンはもともと中世文学を研究する文学者であり、文学が中世から近代に移行するにあたって活字文化による大きな影響を受けた姿を目のあたりにし、活字メディア固有の性質に注目するようになった。特に彼が注目して博士論文を書いた16世紀のトーマス・ナッシュは、会話体の散文を得意とし活字文化との軋轢を典型的に体現した作家だった。マクルーハンはそこで、現在の電子メディアによってその全貌が明らかになっている魚にとっての「水」とは、このグーテンベルクが作り出した活字印刷が作った環境であると結論付け、それを『グーテンベルクの銀河系』という著書の中で明らかにしていった。

グーテンベルクの呪い

よく知られているように、印刷術自体はすでに中国で7世紀頃に木版印刷という形で発明されており、11世紀には陶製、13世紀には木製の活字も発明されていた。しかし何万字もある漢字を活字として有効利用することは難しく、儒教の古典の印刷には20年以上の時間がかかったものもあるという。版を組む作業は容易ではなく、多様な出版物を生み出すための実用的な技術としては開花しなかった。

そして書物は写本という手工業的な手法で、一冊ずつ丁寧に書き写されて伝えられる時代がずっと続くことになる。

グーテンベルクはドイツのマインツで1397年頃に生まれ、金細工や石版研磨を手がける職人だった。そして彼は1450年頃に、金属の刻印を鋳造する技術を応用し、母型に鉛の合金を流し込んで金属製の活字を作った。グーテンベルクの印刷装置は、漢字よりはるかに少ない種類のアルファベット文字を自由に組み合わせ、作られた活版の表面にインクを塗って上に紙を敷き、ワイン作り用のぶどうの圧搾装置を応用した圧力装置（プレス）で均等に押してページのイメージを瞬時に印刷することができるもので、それまでの技術を集大成したものだった。ここに活版印刷はシステム化され、実用的なテクノロジーとして離陸した。

この機械的な工程を繰り返せば、同じイメージを大量にコピーできるし、写本よりばらつきのない品質の安定したものを短時間に生産できる。また利用した活字は、何度でも再利用できて経済的だ。これはいうなれば、書き言葉の機械化だ。それまで年単位の時間を要していた写本による作業は一気に日単位になり、さらにはそれが大量に生産できるとなれば、本の製作の飛躍的な効率化が図れたことになり、本はまったく違った「商品」という性格を持つようになる。

グーテンベルクは最初に「42行聖書」と呼ばれる、1段あたり42行で組まれた2段組のラテン語の聖書を1455年から180部ほど印刷し、これが「グーテンベルク聖書」とも呼ばれ活版印刷による最初の本として象徴的な存在となった。グーテンベルクは印刷技術の開発のために資産家のフストから借金をしていたが、それを返済できず事業を手放すことになり、その後はフストと弟子のシェファーが引き継ぐことになる。

もともと写本が対象にしていた本は、聖書を中心にしたラテン語で書かれたものがほとんどで、一部にはギリシャ・ローマの古典やアーサー王伝説などの民間伝説もあった。それらは修道院を中心に僧の手によって、丁寧に羊皮紙の束へと書き写され、彩色され、集められコーデックスと呼ばれる冊子体に装丁された。こうして作られた本は大きなサイズで、中には20キロを超えるものもあり、重くて扱いにくいものだった。そして教会や貴族の所有する貴重品として限られた利用しかされず、その取引は古美術商が行っていた。

ところがグーテンベルクの42行聖書が印刷出版されてから、1500年までの半世紀の間に、大量の印刷本が世に出されることになり、その点数は3万点以上に及び、それぞれが200部から1000部程度発行されたという。大量生産されるようになった活版印刷による本は、より小さな字でコンパクトなサイズになり、軽くて持ち運びができるようになり、写本よりはるかに安い決まった価格で一般人が買えるものになった。そして貴重な美術品というより、読みやすく整えられた、活字が紙の上に整然と並ぶ情報を得るための実用的な道具になっていた。

最初に印刷されたのは、写本時代に蓄積された本そのもので、多くの人は中世以前の哲学者や詩人の作品を初めて発見することになる。それは、いままで時間に対して漠然とした意識しか持っていなかった人々に、歴史というものに対する意識を目覚めさせることにもなる。

写本時代にはほとんど著者にあたる人は意識されず、写本を行った人の技量も本の一部であり、出版社と著者が分離していない状態だった。本を書いた人自身にも自分の名前を後世に残そうとか、大量に売って儲けようという意志はなく、そこには著作権を主張するインセンティブはなかった。ところが大量に印刷された印刷本の世界では、著者と出版社ははっきり分離し、商品として流通するための機構も必要になり、本の生産は産業と化した。当然のごとく、これを写本が俗化し堕落したものとして非難する声が知識人の間であがったが、それは知識を求める多くの人の勢いには太刀打ちできず、写本を手がけていた写字生たちは職を失い、多くは字をアートとして表現する書道家になったり、中には印刷業に転じたりする者も出てきた。

活字文化はその商品としての性格もさることながら、まず人間の読むという行為を大幅に変えた。写本の時代の本は、現在のように黙読されることはなく、声を出して読まれた。黙読をする人は変人か、音読することにためらいを持つ特殊な人とみなされた。本はほとんど個人が所有することがなく、修道院の中でも歌われるように読まれ、ときには多くの人を集めて朗読されることもあった。

もともと本は、話されてそのまま失われてしまう言葉を記録するために、音を写すアルファベットという記号を使って書き留めて順序よく並べた、紙のレコーダーのようなものだった。そのため、書かれた文字に統一された綴りもなければ、句読点はもっぱら朗読のためのペースを確保したり息継ぎをしたりするためのマークでしかなかった。活字印刷の本も最初は写本の代用品と考えられ、そのスタイルを継承したが、句読点は朗読より文法的な構造から吟味されるようになった。

すでに活版印刷以前から黙読をする習慣が少しずつ広まってはいたが、印刷された本を個人が広く所有することができるようになってからは、自分だけの環境で声を上げずに目で追いながら内容を追っていくことが一般的になった。個人が邪魔されずに読書をするこうした習慣の先に、プライバシーという概念が意識されるようになる。また大学の授業は本を前提にして、講師が一方的に読み上げ学生は本の文章を目で追う形式となり、中世のスコラ学派の対話式からマスメディア的なスタイルになった。

グーテンベルクの発明は、印刷を効率的にして読書の習慣を変えたばかりか、それに携わったり利用したりする人の組織や社会全体までも変えることになる。まず写本を元に情報を管理していたカトリック教会は、印刷本全体を管理することはできず、本による権威を維持することは難しくなった。当時の国際語として流通していたラテン語はその勢いを失い、各地で印刷されるようになった本は地域の言葉で書かれるようになる。

1522年にマルティン・ルターは、ラテン語やギリシャ語で教会などでしか目に触れることのなかった聖書を、自国語のドイツ語に翻訳して出版した。それが印刷本として一般に行き渡ることで、聖書を個別に読むことが可能になり、それが民衆の意識を変えて宗教改革を引き起こすことになる。それはパソコンの出現によって、企業が大型コンピューターで独占していた情報が個人に分散され、情報革命を起こしていった姿にも似ている。

マクルーハンは印刷本によって、個人的な視点とプライバシーを持った断片化した個人の集合としてのパブリック（公衆）が生み出されたと言う。また初のマスプロ商品としての本の生み出す巨大な利益を手に入れ言論の統制を企てようとする教会や国が、印刷所を手中に収めようとしたり規制したりする動きが盛んになった。

彼らは印刷所に、他が同じ物を印刷しないように独占権を与える代わりに、不都合な内容の印刷物の出版を禁止した。これら言論を左右する元締めとなる「ゲートキーパー」の存在は、パブリックに向け出版（パブリッシュ）することによる表現の自由をどう確保するかという、今日に至るまでの論争の始まりでもあった。

ルターはまた新しい聖書を出版することで、それまでいくつかに分裂していたドイツ域内の言語をまとめて、国語としてのドイツ語の規範を広く伝えることができた。同じことはルターの出版物以外にも次々と波及していき、本や文書を介したコミュニケーションの一般化と共に、より多くの執筆者が参加して多様で個人や地域に根ざしたより幅広いコンテンツをもたらし、また一方では国語やスタイルの統一を加速し、国家意識を高め、ひいてはそれがナショナリズムにつながる。

それに従って、作者の分からない口承文学の写しではなく、ある特定の筆者が読者に一貫して語りかけるスタイルの本が一般的になり、ひいてはそれが18世紀になって近代文学を生み出す。そして、大量に流布するために、版型などの定型化が行われ、それぞれの内容を統一するための正書法や辞書の発達を促すことになる。

初期の辞書では言葉の定義ということはなされず、文例が羅列されているだけだったが、多くの人が本で同じ内容を参照するようになると、現在のような形式の辞書が必要になってくる。またそれまでは製本のために用いられていたページ付けは、読者が同じ本の同じ場所を参照するためのインデックスとして開放され、相互に膨大な量の情報をリンクすることが可能になった。こうして法律や学術文書は、より大きなネットワークを形成し、国家の管理や学術の体系を強化するように働く。

活版印刷が当時どれほどのインパクトを与えたかは想像に難いが、それが半世紀の間に何千万冊もの本を生み出し、さらには16世紀末までに聖書だけで2億冊が作られたと言われ、当時の人口を考え合わせると驚異的な普及があったことは間違いないだろう。それは眠っていた知識や創造性に火をつけルネッサンスを開花させるエンジンになったが、これは現在のインターネットのサイトの爆発的な増加にも通じるものがある。

インターネット上の情報は印刷機も流通の機構も必要としないので、いままで情報発信の機会に恵まれなかった中小の組織や個人にも新たなデジタル出版の可能性をもたらし、各国語による個人の日記や趣味のページからプライバシーをさらけ出すものまで、ありとあらゆるコンテンツが生み出されている。その中の言語がほとんど英語に統一されるという懸念も出されていたが、各国語のコンテンツの比率は上昇している。それはまさに、現代のグーテンベルク革命なのだ。写本から印刷に移行する時代に僧侶（教会）からビジネス（出版社）へ及んだ出版の革命は、印刷からインターネットへと引き継がれる時代には、出版社から個人へとさらにミクロなスケールで起きている。

しかし活版印刷が変えた最も大きなものは、世界観の変革だった。マクルーハンは英国の詩人ウィリアム・ブレイクの「われわれは、われわれが視るところのものになる」という言葉をよく引用するが、テクノロジーはそれを使う者自身を逆に変容させる。

聴覚が優先していた時代には、事物は原因と結果が同時に生じるように感じられたが、視覚が優先する本の世界では、それがページに連続した因果性の形に整理され、説明されて分析されるようになる。書かれていることは事実の記述であっても事実そのものではなく、対象との距離を置けることから、客観的で傍観者的な態度を生み出す。視覚に翻訳された経験は、等質的な単位に分解し再構成でき、それらを操作して合理的に理解することができるようになる。また本を個人が読む習慣は、自分の視点を中心とした個人主義を助長し、ルネッサンスに発達した特定の視点から対象を投射する遠近法的な世界観を強化することになる。

マクルーハンは『グーテンベルクの銀河系』の冒頭で、シェークスピアの『リア王』を引用し、17世紀のリア王が国家を統一管理するにあたって、16世紀に開発されたメルカトル図法による地図を使い、国の領土と権限を視覚化して把握している姿を例に引く。そしてリア王が近代的な意味で合理的な判断をしながら、王権を子どもたちに分配している姿を、「視覚だけを切り離し、それを孤立させた上で、それをすべての判断のもとに据えるという一種の精神的盲目状態がここにはある」とし、それがグーテンベルクの活版印刷技術に端を発したものであると指摘する。もともと全体的で一体化された神聖な王権は、活字で記述されたように名目としての王権と実権に分離され、結局リア王は非業の死を遂げるが、これは近代的な国家主義の始まりでもあった。

ある視点の下に本のように整然と物事が配置される世界観は、国家や組織を階層的に記述し組み立てるのに効果を発揮する。さらにそれは法律から宇宙の姿までを同じように記述しようとして拡張され、すべてが本に書いてあるがごとき因果性に沿って展開すると考えるような見方を助長する。デカルトは本のページのように空間を区分し数学的に座標を定め、世界を均等で空虚な空間の集合として考え、ニュートンはその空間を無限に延ばしていけば宇宙の果てまで記述できるリニアな法則を唱え、それに続くリンネなどの科学者たちも自然を本の形に写し取るように分類し体系化していった。そして本を読むように世界と距離を置きながらそれを理解する、近代的な意味における教養がリテラシーと呼ばれるようになる。

こうして近代国家は視覚的な表現の上に形成され、またそれゆえの限界も持つ。視覚的に記述できるものと現実を分離して考える習慣は、より広範な対象を理解したり支配したりする手掛かりを与えるが、逆に対象そのものへの関わりを減じ、観念的な記号操作に終始する実体のない論議にもつながる。リテラシーとは結局、活字文化を基本にした文字による世界のリモートコントロール幻想であり、対象と関わったりプロセスを共有したりしようとする作法とは相容れないものだった。

もともと聴覚や五感全体で自然を感じていた部族的な社会は、文字と活字によって徐々に崩壊していく。いつでも本を閉じるように対象と離れられるという感覚は、客観性や合理性を獲得した半面、それまでにないアンバランスな不安感を生み出し、ひいてはそれがフロイトの言う「無意識」の形成へとつながるとされる。そして、こうした対象との関わりの持つ複雑で多様な感覚を失ってしまった人間は、ついには統合失調症に悩まされるようになる。マクルーハンはまたシェークスピアを引用し、ハムレットの「生きるべきか死すべきか」という台詞を、活字時代以前の聴覚的で触覚的な血族関係と視覚的な合理性で判断される二つの人生観の分裂を象徴していると考える。

結局のところ、『グーテンベルクの銀河系』で提示される活字世界の姿とは、視覚に偏った本のように直線的で機械的な繰り返しを基調とした均質なリニアな世界で、近代の合理性や国家主義的なまとまりをもたらした一方で、個人主義の発見と同時に人間の全感覚的な世界との関わりを失わせるものだった。それらすべてが活字という一つのテクノロジーから発したと考えるマクルーハンの主張に対し、文芸批評家のジョージ・スタイナーや歴史の専門家からは批判がなされたが、活字をメディアとして扱い、それが人間の世界観までを支配していくという視点は新鮮なものだった。

マクルーハンはさらに、活字社会によって失われたそれ以前の世界、つまりアルファベットや写本の時代からさらに遡って、文字以前の聴覚や触覚が支配した部族的な世界に大きな憧れを抱いた。そしてその失われた社会が、電子メディアによって復活するのではないかという希望を持つようになる。

そこで彼はメディアの歴史的な変遷に注目し、哲学者のウォルター・オングの歴史観やケンブリッジ大学のH・J・チェイターの『写本から印刷へ』を参考に、活字文化よりはるか以前の文字のない声が支配した原始時代、それに続くアルファベットの発明と写本の時代、活字印刷の時代、そしてそれ以降の電子メディアの時代を対比させて、それら4つの時代を特徴付けたメディアの特性の違いを明らかにしていった。

メディアの4時代

もともと文字の発明される前の世界は、書き言葉ではなく話し言葉が支配していたと考えられる。いまでは文字や活字のまったく存在しない状況は想像に難いが、子どもの発達過程や民俗学の研究からそのヒントは得られる。

マクルーハンは友人でエスキモー研究をしている民族学者のエドマンド・カーペンターから、エスキモーが文字や視覚より聴覚を優先し、西欧とは非常に違った文化を持っていることを教えられた。

エスキモーにとっての世界は遠近法によって前後左右に方向が区分された視覚的なものではなく、自分を中心に球形に音が聞こえてくるような区分のはっきりしない方向性のない世界だ。彼らは写真を上下逆さまに置いても、何の混乱もなく認識できるが、時間に対してはあいまいで、直線的に方向性を持った過去、現在、未来という感覚は持たず、常に現在の連なりがあるだけだ。彼らは神話的な世界を民族の知恵として口承で伝え合い、共同体の中で職業もなく役割を請け負い、会話には全員が身振りやリズムを取りながら参加し、個人が分化せずに誰もがお互いに関与している部族的社会に暮らしている。

聴覚は視覚と違い、目を閉じるように耳をふさいで止めることができず、四六時中環境に生じる突然の変化を知らせてくれる感覚だ。警報や目覚まし時計の音、電話の呼び出し音と同じことを視覚で行うのは難しい。寝ている間も働いているこうした感覚がなければ、人類は外敵の侵入から生き残ることはできなかったろうし、歴史的に視覚より聴覚が優先する時代が先にあったことは想像に難くない。

マクルーハンが「盲人にとってすべての変化は突然だ」と言っているように、音の出現は正確に予想できない非連続的なハプニングそのものだ。目で見えるものはそこに定常的に存在していれば、分類したり並べ替えたりして連続的に論理を構成して理解できる。しかし音はその場で記録することはできずに消えてしまうため、目で見えるもののように構成して理解することはできない。音を正確に記憶するには、リズムを付けたり楽曲のような形式を使わないと難しいし、詩に韻をふむような工夫をしなくては長い文章を覚えることも困難だ。そこで人は、どこから来たのか分からない音に注意を向けると同時に、途切れた音の隙間を埋めようと対象に関与する。

また話し言葉は文字より感情的で、文字では単純化されて同じ表現になってしまう言葉も、声でトーンを変えることにより何種類もの感情のニュアンスまで伝えることができる。音声による会話は、その場でリアルタイムに相手とのコミュニケーションが必要になり、人々はお互いに強く関与することになり、結果的に部族的な関係が生まれる。

マクルーハンは文字以前の時代を、聴覚と触覚が支配する時代と考え、これを聴・触覚（audio-tactile）と呼んだ。ここでいう触覚とは単なる皮膚による感覚ではなく、ドイツの彫刻家アドルフ・ヒルデブラントがすべての感覚の相互作用としての「共感覚」（synesthesia）から生じるものとして論じた概念を指す。生まれたばかりの人間は目に映ったものをそのままでは認識できないが、身体を動かして対象に触れることによって、奥行きや見えるものの形や存在を認識できるようになる。マクルーハンはこれからヒントを得て、文字以前の時代の全面的で包括的な感覚の関与を特徴付けるものとして、聴覚と触覚を関連付けた造語を使った。これはある意味で、身体感覚を伴った聴覚と考えてもいいだろう。

そしてその後、文字が発明されることで、視覚が優先される時代がやってくる。最初は漢字などの表意文字やエジプトのヒエログリフなどの象形文字が支配的だったが、紀元前2000年から1500年の間にフェニキアで現在のアルファベットの原型が考案された。これは話される言葉を記号化したもので、それぞれの音と記号に意味的なつながりはなく、感覚と視覚をはっきり分離できるものだった。表意文字や象形文字は対象を図象化しており、視覚的なイメージとそれを指す言葉の発音が個別に関係し合っており、文字は対象と一体化することで明確な分離は生じなかった。ところがアルファベットは、音を恣意的に表現する記号となり、書かれた記号と対象は完全に分離し、目が耳の代わりとして機能するようになる。

フェニキアから伝わったアルファベットは、紀元前6世紀にはそれがギリシャで24種になり、ローマ時代の紀元前3世紀頃には19種のローマ字もしくはラテン文字へと波及していく。

マクルーハンはギリシャ神話でアルファベットの起源を伝える、カドモス王の話を各所で引用し、アルファベットがギリシャ文明に与えた影響を論じている。これはフェニキアで生まれたカドモスが、ゼウスにさらわれた姉を探す旅先で竜に従者を殺され、その竜を退治してアテナイの神の勧めでその歯を地面にまくと、それが武装した兵士になって殺戮し合い、生き残った5人がテーバイの貴族になるという話だが、ここでは歯がアルファベットを象徴している。

均一の形状をして噛むことで対象を明確に捉える力を持っている歯の特性は、アルファベットの特徴をよく伝えている。そしてこの話には、ギリシャで僧侶階級に独占されていた象形文字が、アルファベットによって誰でもが使えるテクノロジーに変わり、軍人階級が情報を支配できるようになることで実権を握るようになった史実も込められている。

ギリシャにおけるアルファベットの影響は、またエール大学のエリック・ハブロックが『プラトン序説』で詳説しており、これは『メディア論』のペーパーバック版への序文でも言及されている。ハブロックによれば、もともと聴覚的な伝統が支配し、ホメロスなどの詩人の口承的な文化が「部族の百科事典」として機能していたギリシャ文明は、プラトンの時代に文字が普及することで、「イデア」を基礎にした文字による視覚的な「分類された知恵」に取って代わられ、聞いたことをそのまま記憶する習慣は急激に衰え、部族的な結び付きが崩壊したとされる。当時のギリシャ人にとってアルファベットは新鮮で、それまで話されていたことを文字に書き記すことに、大きな知的興奮を覚えたと言われる。

アルファベットはローマ帝国の拡大と共に普及していくが、パピルスや羊皮紙などに書き写され、書かれた文字は声を出して読み上げられ、聴覚的な世界が完全に視覚に取って代わられたわけではなかった。視覚が決定的に優先的地位についたのは、まさにグーテンベルクの活版印刷が文字の生産を機械的に行い、それまでにないスケールで拡大したからだった。

マクルーハンは、活字文化の弊害はずっと19世紀まで続き、それが電信という電子メディアの出現によって衰退し始め、１９０５年のアインシュタインの相対性理論によって決定的に次の時代に移行したと述べる。そしてこの電子メディアの時代が、活字文化や文字文化の前にあった聴覚や触覚を中心とした部族的社会を復活させるという論を展開した。

彼は個人的には文字や活字の文化を忌避していたわけではないが、活字が出現する以前のカトリックが中心だった世界を理想化し、電子メディアがさらに大きな地球規模でそれを回復すると考え、これをグローバル・ビレッジと呼んで期待を寄せた。マクルーハンが電子メディアをユートピア的に賛美する姿勢は、いろいろな批判も浴びることになるが、晩年の彼はグローバル・ビレッジのモデルとも言えるテレビの作る世界に必ずしも満足していたわけではなく、その弊害も指摘するようになった。

メディア論

マクルーハンが期待を寄せる電子メディアに関する論は、『グーテンベルクの銀河系』の次に書かれた『メディア論』の中でより明確な形で展開された。前者では活字との対比としてしか扱われていなかった電子メディアは、「電信」から「テレビ」まで個別に論じられ、最後の「オートメーション」の章は、ある意味ではコンピューター・メディアへの序章とも読める。まさに電子メディアのオデッセイだ。

その中に示された個々のアイデアは、すでにかなりのものが『機械の花嫁』や『グーテンベルクの銀河系』『探究』の中にも述べられているが、それらをまとめて見てみると、マクルーハンが考えていたメディアの生理ともいうべき性質がはっきりとしてくる。

メディアはメッセージである

有名な「メディアはメッセージである」という言葉は、メディアはそれぞれ固有の性質を持ちそれに注目すべきだという意味だが、「メディアこそがメッセージである」とも読め、マクルーハンのメディア学者としての宣言文とも言える言葉だ。

例えば、同じ映画を映画館で見るのとビデオで見るのは違いがあるし、同じカリキュラムを本、テレビ、ラジオ、セミナーなどの違った方法で学ぶ場合に効果に違いが生じることからも、メディアがそれぞれ固有の性質を持つと考えるのは自然だろう。

通常はメディアの持つメッセージとは、そのメディアが表現している内容、つまりコンテンツと考えられ、それまで大方のメディアの研究は内容分析に終始していたが、マクルーハンは「コンテンツとは泥棒が（精神の）番犬の注意をそらすために与える血のしたたる肉片」であり、メディアの本質的な論議から目をそらすものだと考える。ゲシュタルト心理学で言われるよう、物事には前景と背景があり、メディアは前景であるコンテンツを見えるようにしている背景とも考えられる。通常は誰もが前景に注目してしまうものだが、マクルーハンは絵を成り立たせているキャンバスに注目するべきだと主張しているのだ。

またここで言われるメッセージとは、具体的にはコンテンツのような静的な実体というより、そのメディアが社会や文化に対して与える「スケール、ペース、もしくはパターンの変化」という「効果」を指す。それはまたある意味で、ゲームのルールともいえよう。同じ事柄について英語と日本語で表現すればその形は違うが、対象を意識化する「言語」というメディアとしての共通するルールがあるし、それが言語というメディアのメッセージとなる。サッカーとバスケットはまったく別の競技だが、そこには「スポーツ」としてゴールを目指す共通のルールがあり、それこそがスポーツというメディアを特徴付けるメッセージだ。

マクルーハンは鉄道というメディアを例にして、それが運んでいる人や物（コンテンツ）と関係なく、「それ以前の人間の機能のスケールを加速拡大し、その結果まったく新しい種類の都市や新しい種類の労働や余暇を生み出した」と述べている。つまりメディアは、それが世界にどう働きかけるか、またそれが拡張している人間の感覚のバランスをいかに変化させるかを観察することで初めて理解できるというわけだ。

われわれはこうしたメディアの集合体の中で日々生活をしており、これらは人間のリアリティーを形成する基本的で意識されない「基本料金」のように働き、ひいてはそれが社会に見えない影響力を及ぼすようになる。マクルーハンはこの言葉で、フロイトのようにわれわれの「無意識」と化したメディアに注意を向けるよう促し、またメディアを意識せずにそこに盛られているコンテンツに惑わされていては人間は「壁のない牢獄」につながれ、それに溺れてメディアの中で夢遊病者のように暮らすことになる、と警告を発している。

人間の拡張としてのメディア

それでは、そもそもメディアとは何だろう? まずマクルーハンにとって、メディアとは人間の身体や感覚(もしくはその元になる神経系)を、それらの及ぶ範囲から先に拡張してくれるものすべてを指す。われわれが通常メディアと呼ぶものは、まずはテレビや新聞などのマスメディアだが、もう少し範囲を広げて、メガネや望遠鏡、顕微鏡が目による視覚を拡張し、電話やレコードが耳による聴覚を拡張するメディアだと考えることは自然で、こうした論議は昔から各所でなされてきた。

文化人類学者のエドワード・ホールは『沈黙のことば』で「今日、人間はかつて自分の身体で行っていた作業のほとんどすべてを拡張する技術を開発した。武器の発達は歯と拳骨からはじまって原子爆弾で終わる。着物と家屋は人間の生理的な体温調節機構の拡張であった。家具は地面にしゃがみこむ動作にかわった。電気器具、双眼鏡、テレビ、電話、書物等々はすべて時空をこえて声を運ぶことで肉体の行為を拡張する道具の例といえる」と述べており、マクルーハンもこうした見方に影響を受けた。

しかしマクルーハンの言う定義はもっと広く、人間の五感を中心にして、極端に言えばわれわれの生活に関係するすべての人工物、広い意味ではテクノロジーも対象とする。そこではメディアでないものを見付けるのが困難だ。

『メディア論』の第二部では個々のメディアを詳論する形で、「話されることば」「書かれたことば」「道路と紙のルート」「数」「衣服」「住宅」「貨幣」「時計」「印刷」「漫画」「印刷されたことば」「車輪、自転車、飛行機」「写真」「新聞」「自動車」「広告」「ゲーム」「電信」「タイプライター」「電話」「蓄音機」「映画」「ラジオ」「テレビ」「兵器」「オートメーション」の26の事例が紹介されている。実際にこれらがどのように解釈されているかを見ていくと、マクルーハンの論点が明らかになる。ここでは、電子メディア以外の特異なメディアについて簡単に眺めてみよう。

■「話されることば」と「書かれたことば」は聴覚や視覚を拡張する、言語というメディアについて書かれている。言語は人間の自然に対する叫びや怖れなどの感情や触覚的一体感を分離し、人間を人間たらしめている基本的なメディアだ。マクルーハンはそれを「車輪が足や身体にたいしてなすことを、言語は知性にたいしてなすのだ」と述べている。続いて「車輪があれば、足と身体は物から物へ移動するのが容易かつ迅速になるが、関与の度合いは減る。言語は人間を拡張し増幅するけれども、同時に人間の機能を分断する」と、メディアが人間の感覚を拡張する際に生じる逆の効果についても述べている。

■「数」は明らかに、元は指差したり手で分けたりする行為を通して成立する触覚の拡張であり、非常に身体的な起源を持つものと考えられる。もともとソロバンや指を折り曲げて触覚的に対応を付けられた数は、数字として記号文字として表記されることで視覚的な操作ができるようになり、抽象化してより広い概念に対応できるようになる。

ローマ時代の数字は桁を持っておらず、人や物を数えるときにはいちいち目の前に並べて個別に対照しなくてはならなかったが、その後のアラビアの桁による位取りとゼロの発見は、数字だけを操作する触覚を離れた視覚的な拡張を本格的に推し進めた。視覚化された数はさらには遠近法の消失点と結び付き、近代数学における無限の概念にも続いていく。

■「衣服」や「住宅」は皮膚を拡張して、それぞれ個人と家族の体温調整やエネルギーの確保をしてくれるものだが、衣服はさらに個人の自我を直接的に社会的に規定する役割も果たし、住宅の機能を拡張していけば都市にまで行き着く。マクルーハンはジェイムズ・ジョイスが『ユリシーズ』で、またボードレールが『悪の華』で都市を身体の器官になぞらえて描写している例を挙げ、さらには都市が持つ機能が電気によって地球規模にまで拡張していく姿を想像する。衣服に関しては、当時の米国のファッションがテレビの普及によって視覚的なものから触覚的な志向を増し、女性の服や髪型が彫刻的なスタイルになっていることも指摘している。

作家のトム・ウルフはマクルーハンをびっくりさせようとサンフランシスコでオフ・ブロードウェイというトップレス・レストランに連れて行ったが、マクルーハンがウェイトレスを見て、「彼女たちは裸なのではなく、われわれを衣服としてまとっている」と反応したことに逆に驚いたことを回想している。マクルーハンは、裸体は文字文化によって触覚的な感覚から隔絶されてきた近代人にとってのみ刺激になると考え、ビキニやスキンダイビングが普及した現代は、電子メディアの普及によって触覚的な感覚を取り戻しつつあると考えた。

■「貨幣」は内面の要求や動機の拡張であるとされる。貨幣は力や富の貯蔵を行い、労働を他の社会的機能から切り離し、空間的・時間的に離れた支配力を行使するものでもあり、これは言語が知覚や経験に対して行っていることと対比できる。もともと原始共同体のコミュニケーションの道具として手近にある鯨の歯や皮革などの物品を用いることから発した貨幣は、富の蓄積としての性格を強く持っていたが、印刷技術によって規格化された兌換紙幣となって通貨としてより大きな広がりを獲得することで、信用を扱うメディアとして性格を変える。

そしてついには情報の移動がビジネスとなる電子メディアの時代には、クレジットカードに道を譲って、元の身体的な物品としての性格を取り戻し、「貨幣」の章のサブタイトルにあるように「貧乏人のクレジット・カード」として、昔のように食料や衣服のような性格を持つようになる。

■「時計」は「人間関係の速度を速めることで、仕事を変形し、新しい労働と富を生み出す」機械的なメディアだ。そして時間を画一的に視覚化したことで、「持続しているものとしての時」という感覚を生み出した。こうして時間が視覚的に客観化されることで、人間は季節や循環する自然から切り離され、歴史的な展望や時間を空間的にスケジュール化して効率化を追求できるようになったが、逆に機械化された時間に縛られるようになる。

近代の時計は活版印刷技術と同じ機械として、画一的な動きを反復する車輪を基礎に作られ、19世紀には産業と輸送に不可分に結合し、「それによって都市全体が、ほとんどオートメーションのようにふるまうことができるようになった」が、電子メディアの時代には流れ作業的で画一的な時間は飽きられ、多元的に時間を運用することが求められるようになる。

重層構造としてのコンテンツ

それではコンテンツとは何なのか？　コンテンツというもの自体の定義は示されていないが、マクルーハンによれば、あるメディアのコンテンツは他のメディアということになる。つまり、話し言葉は書き言葉の、書き言葉は印刷された言葉の、印刷された言葉は電信のコンテンツとなる、という一つの食物連鎖的な関係が示される。

主なメディアを歴史的に辿ってみると、音声的な言語でいうなら、電信は電話の、電話はラジオの、ラジオはテレビのコンテンツとなり、映像で考えるなら、印刷された言葉は小説の、小説は劇場の、劇場は映画の、映画はテレビのコンテンツというような包含関係が浮かび上がってくる。テレビに行き着いたこの連鎖は、そのままインターネットに吸収されていくという考え方もできるだろう。

話し言葉のコンテンツは、実際の思考のプロセスという非言語的なものであり、それが包含するメディアがない、原型としてのメディアと考えられる。そういう意味で、コンテンツとは人間の思考そのものであり、メディアを利用する利用者こそコンテンツという解釈も成り立つだろう。

またマクルーハンは電気の光にも、同じ位置付けを与えている。電気の光は事物を照らすことで、それをコンテンツとするが、事物自体は存在そのものとしてコンテンツを含まない。それに、対象をそのまま写す写真も同じだろう。しかしそれらが照らしたり撮影したりする対象は、人間の意識の関与があって初めてコンテンツとして認識される。そういう意味で、視覚言語的で原型的な存在なのだ。

人間の感覚の拡張であるメディアの連鎖は、メディアをメディアたらしめている人間の意識と意識の対象を結ぶ長い道だ。その最初にあるのは、自らをコンテンツとする自己言及的な意識そのものであり、そこでは人間の意識に特有なコンテンツが生まれてくる。

マクルーハンはそれを「人間の関心」という一般的な言葉でしか表現していないが、実際にはそれには、生存に関わる最も不可欠な欲求から、ハイカルチャーの持つ精神的なものまで、非常に幅広いものが含まれる。その総体は人間固有の性質を表したもので、仮に宇宙人がいたとしたら、その総体は人間のそれとはかなり違うものになるだろうし、それらの比較から人間性というものを論じることも可能だろう。

メディアに溺れるナルシサス

マクルーハンによれば、メディアはわれわれ自身を拡張するのと同時に、それが作り出す環境の中にわれわれを包み込んで麻痺させてしまうという。それはちょうど、ギリシャ神話で、ナルシサスが水面に映った自分の姿を他人と見間違え、それに恋して入水してしまう姿に似ている。あるメディアによって自分の意識や身体性を拡張した人間も、ナルシサスと同じようにその拡張に魅入られて麻痺してしまう。

人間は一つの感覚だけを高めると催眠状態に陥ったり、急激に身体の拡張が行われると身体を均衡維持しようとするために、自己切断という現象が起きて自己防衛が行われる。突然転倒したり、事故にあったりすると茫然自失となるのは、そうした自己防衛の例だ。また歯の治療を行うのに、音楽を聴かせたりビデオを見せたりすることで痛さをそらす技法も、その一例と考えられよう。

例えば足の拡張として車輪というメディアを発明すると、人間の移動速度は高まるが、それがないときより人間は活動範囲が広まり負担を感じるようになる。そうすると車輪による移動は意識の外に切り離され、車輪は車輪の論理として拡張していくようになっていく。それと同時に人間は拡張としての道具と一体化し、それを維持するために奉仕するようになる。足は車輪を使う道具と一緒のとき、自転車であればペダルを踏む回転運動、自動車ならばアクセルやブレーキを踏む動作に限定され、本来の自由な動作を制限されてしまう。

マクルーハンはこれに関係する比喩として、「ちょうどハチが植物の世界の生殖器であるように、人間は機械の世界のいわば生殖器となり、つねに新しい形式をその世界に受胎させ、進化させる」という表現を使う。これは「人間が遺伝子の乗り物だ」と言ったリチャード・ドーキンスや、さらには「ニワトリはタマゴが別のタマゴを取るための道具だ」と言ったサミュエル・バトラーからのアイデアをメディアに拡張したものだ。人間が道具に支配される恐怖は、映画「モダン・タイムス」のように近代の工業化の中でも常に語られてきたが、マクルーハンはこれを完全に倒置した言い方で周囲を驚かせた。そして彼の見方は、拡張によって自己目的化したメディアが、逆に元の人間を支配するというテクノロジー優先のメディア決定論として、いろいろな場面で批判されてきた。

しかしマクルーハンは人間を軽視していたのではなく、人間の感覚とメディア全体の相互の関係を見ていたのだ。人間の五感は相互に経験をメタファーとして翻訳し合って全体のバランスを維持しようとする。この比率（ratio）を保とうとする働きが合理的（rational）と呼ばれるが、ある感覚を異常に拡張することはこの比率を壊して理性的であることを歪めることになる。ところが人間の感覚を拡張したメディアのほうは、それぞれが独立して閉じたシステムで相互にバランスを調整し合うことはできなかった。そのため一つのメディアが突出すると、それに引っ張られて感覚のバランスが失われることになる。

これまでは活字が視覚を拡張して、感覚比を歪めてきたが、活字は聴覚や触覚と自由に交流することができず、人間の感覚比の歪みを固定してしまったのだ。ところが電子メディアにおいては、メディア間の相互作用は人間の感覚のように自由に変換可能になり、よりバランスの取れた形で人間の感覚を拡張できる。コンピューターを使ったマルチメディアやインターネットが、音や映像を自由に扱えることで、活字によって失われたバランスを回復すると考えることも可能だろう。

メディアによるナルシサス的な呪縛は、そのまま未来永劫に続くものではない。人間のダイナミズムはテクノロジーにより新しいメディアを生み出し、異種のメディアが出合って混合すると人間はその境界線上へと誘われ、それまでのメディアによる麻痺から目を覚ますことになる。マクルーハンは、電信によってモザイク化した新聞が生まれて本が変わり、テレビの出現によって活字文化全体が揺らぎ、電子メディアによって活字文化に麻痺した人間の覚醒が行われることを指摘している。

メディアの温度環境

それぞれのメディアは、人間との関係において関与の仕方が異なる。マクルーハンはメディアの表現するデータが高密度で高精細（High Definition）か低密度で低精細（Low Definition）かで、その違いが生じると考えた。そしてそれらの効果を当時のジャズの用語にひっかけて、ホットとクール（当初はコールド）という言葉で呼んだ。ホットはもともと流行の象徴だったし、クールという言葉は距離を置いて相手を観察する非関与の立場を意味していた。しかしマクルーハンは、ホットを押し付けがましく、クールをかっこよくて関心を持ちたくなるという当時の俗語の用法に合わせて世間と逆の使い方をした。このため、ホットとクールを従来の意味に解釈した論も出され、大いに混乱を招くことになる。

高精細の情報とは一つの感覚が人間に想像の余地を与えないほど充実しており、低精細の情報はそれの足りない部分を人間が補完したくなる粗いものを指す。例えば写真は情報が充実した高密度でホットなメディアで、普通はその中に写っているものを解釈しようとしないが、漫画は線が省略されてざらざらした紙に印刷され、読む人は足りない部分を想像力で補う低密度でクールなメディアということになる。

人はホットなメディアの持つ迫力に圧倒され感心してしまい、あまり自分の判断を持ち込もうとはしないが、クールなメディアには手を差し伸べて関与してしまい、その結果を直に受け取るよりその過程に参加しようとする。マクルーハンはホットなメディアの典型として活字印刷を考え、それが人間と対象の関係を切り離してしまう弊害を生んだとし、テレビのようなクールなメディアが人間の関与を取り戻してくれると考えた。

テレビはラジオと比べ、映像のメディアであり目をそらすことができず、ＢＧＭのように楽しむことはできない。またリアルタイムで伝わってくる現場のニュースなどの映像には、人間は引き付けられるため、テレビがクールであることは当たり前のようにも思える。他方マクルーハンは映画をホットと考え、スクリーンに連続して映される映像は「すでに出来上がったもの」として関与が少ないと考えていた。

テレビは現在起こっていることのプロセスに視聴者を巻き込むが、映画は過去の結果を一方的に伝えているように見える。マクルーハンは、女優のジョアン・ウッドワードが映画からテレビに出るようになり、「映画に出ていた頃は、ジョアン・ウッドワードだと言われたが、テレビに出るようになってからは、誰か知っている人だと言われるようになった」と話したエピソードを紹介しているが、これは映画に対してテレビが持つ日常性やクールな性格を表している。電子的でクールなメディアは、カジュアルで日常的で、視聴者はそこに出ている人を同じ部族社会の一員のように感じるようになる。そこでは、人は職業や個人の人格を代表する存在というより役割を果たす存在になる。

また彼は当時のテレビが常に走査線を使ってモザイク状に画像を描いていることに注目し、「テレビ映像は、毎秒およそ３００万個もの点を視聴者に送り届ける。その中から視聴者が受け入れるのは、毎秒わずか30～40個にすぎず、それを使って視聴者は自分の映像をつくりあげるのである」と述べており、それによって視覚が関与するクールなメディアであると結論付けた。つまり人は、スーラの点描画がドットの連続からパターンを描き出すように、常にイメージを無意識のままに作り出す作業をしており、それが人を常に関与させ続けることになるというのだ。

マクルーハンがホットとクールの典型として引用した言葉を対比してみると、この分類の持つ意味合いが見えてくる。ワルツは単純に繰り返すリズムで聴く人を関与させないが、クール・ジャズはその展開に耳を澄ませてしまう。ラジオは聴く人に一方的にまくし立てるが、電話は相手と会話することで引き込まれる。特に電話のベルは人に未知の可能性を告げる先触れで、人はどんな状況でも受話器を取ってしまう。マクルーハンは1949年9月7日付の『ニューヨーク・タイムズ』に出ていた、13人を殺害したハワード・ウンルーが、警官との銃撃戦のさなかに地元紙からかかってきた電話に出てインタビューに答えた話を、電話の参加性を求めるクールさの驚くべき例としてあげている。

ホット	クール
ワルツ	ジャズ
ラジオ	電話
映画	テレビ
絵画	マンガ
アルファベット	象形文字／表意文字
印刷文字	手書き文字
石	紙
講演	セミナー
本	会話
先進国	発展途上国
都会人	田舎人

マクルーハンの著書におけるホットとクールなメディアの代表例

しかしこのリストの中でも、個別のメディアを通り越して、先進国がホットで後進国がクール、都会人がホットで田舎人がクールと分類することは、感覚的には受け入れられるが、その意味は茫洋としてあいまいになる。

マクルーハンはさらに、この基準を社会的な影響にまで拡張して論を展開している。つまり、ある社会が活字文化によりホットになっているか、いまだに部族的・聴覚的な伝統を残してクールなままか、もしくは電子メディアによってクールになっているかで、同じメディアでも違う受け取られ方をすると考える。ホットな文化とホットなメディア、クールな文化とクールなメディアはお互いに譲らず不必要な混乱を生むが、逆の組み合わせは大きな関与を生み出しうまくいく。またホットなメディアにはホットなキャラクター、クールなメディアにはクールなパーソナリティーが向くとされる。

彼はヒトラーというホットなキャラクターが大きな支持を得たのは、ホットなラジオが部族的伝統の残るドイツ国民にアピールし、もしクールなテレビがもっと早く普及したらナチズムは早期になくなっていただろうと論じる。また60年の米大統領選におけるケネディとニクソンの討論を例に、クールなケネディがテレビにぴったりはまって視聴者に好感を与え、ホットなキャラクターのニクソンが悪者に見えたと指摘している。ホットなニクソンはラジオでは勝っていたが、結局、活字文化の影響でホットなアメリカ国民は、クールなテレビに映るクールな若者を支持して大統領に選ぶことになる。

さらにホットとクールなメディアの共存は、社会や文化という気候の温度環境のように拡張して論じられている。マクルーハンは、ホットな問題にホットな手段を用いることは、社会の温度を過熱し、好ましくない結果を生みかねないと言う。

彼は、冷戦の時代にホットな関係にある東西が、核に対してホットな核軍備で対抗していくことや、ホットなスポーツで親善を図るのは逆効果だと指摘し、民族問題でホットになっているアフリカやアジアの国では、ホットなラジオに代わってクールなテレビの放映時間を増やして社会の温度を下げるべきだと提案する。社会はホットとクールなメディアの比率を調整することで、適切な安定状態を確保できるというわけだ。

ホットとクールを人間の関与の度合いと同時に、温度環境のメタファーとして多義的に使うのは混乱を招く原因にもなり、またこれを拡張して国際政治にまで適用することには無理がある。しかし人間を中心に考えると、メディアによる一方的で偏った感覚の拡張に対して人間がバランスを取ろうとするなら、自ずと社会におけるメディアの受容パターンにもそうした志向が反映するだろうと想像することはできる。だがそれでも、遺伝子で人間の行動をすべて説明するような不自然さはまぬがれない。

またホットとクールはメディアに固定した絶対的な特性ではなく、テクノロジーの発達で変化する相対的な基準とされる。例えばテレビの解像度が、ＨＤＴＶ化してデジタル放送のように上がればホットになる。そしてメディアはホットの飽和点に達すると、専門化と細分化が生じてクール化する傾向を持つ。デジタルテレビまでホット化したテレビはインターネットと結び付き、双方向的ないわゆるインタラクティブな使い方をされることで温度を下げ、ハイファイ化やステレオ化で熟したラジオも、情報を検索できる文字放送や電話リクエストを取り込む。

インターネットに代表されるデジタル・メディアは、ホームページのハイパーリンクやチャットなどを見ても、非常にクールなメディアだ。そのコンテンツの一部になる、本、テレビ、ラジオといった旧来のメディアは、デジタルのプラットフォームの上で温度が下がり、互いに参照し合う比較的クールなメディアとして存在するようになる。

しかしマクルーハンにとって最もクールなメディアは、彼が縦横無尽に繰り出す警句だろう。それらは短いフレーズに読者を巻き込み、それが書かれた本の内容に関与させる効果が絶大だ。つまりマクルーハンこそが、最もクールな存在だったのではないだろうか。

未来からやってくる光

マクルーハンは、情報がメディアを通して直接的に人間のほうにやってくるか、間接的にやってくるかで、その方向性を区別していた。それは具体的には、情報がそのメディアの内側からやってくる透過光のような形を取るか、コンテンツを伝える光に照らされてその結果やってくる反射光かの違いだった。そして彼は、反射光によるメディアより透過光によるもののほうが、人間に大きな影響を与え関与させると考えた。

例えば、映画はスクリーンに投影された反射光がコンテンツだが、テレビは画面を通った透過光が作る映像がコンテンツとなる。映画はそれほど人を関与させないが、テレビはもっと人を巻き込む。同様に外からきた光の反射光で見える絵画（例外はルオーがステンドグラスを模した透過光的手法）と、後ろからくる透過光で光るステンドグラスもそれを鑑賞する人の関与の仕方が違う。

ナルシサスの例では、水の反射光による自分の姿が彼の感覚を麻痺させ判断を誤らせた。この例では、反射光のモードは、表面的なコンテンツ自体に注意が注がれ、メディア自体に対する関わりがないままに人間の理性を乱すとも解釈できる。敬虔なカトリック教徒だったマクルーハンは、キリスト教において神の象徴とも考えられている光が、内的で本質的なものとして発せられる透過光と、間接的に参照されただけの反射光に、聖なるものと俗なるものの区別を重ね合わせていたのかもしれない。

反射光と透過光の区別はまた、ホットとクールや高精細と低精細の区別とも一部重複する考え方だ。

これらの二分法間の違いは明確ではないが、反射光と透過光の区別は、バックミラーの論議にも通じるもので、情報の時間的な方向性とも関係があるように思える。

　マクルーハンはあるメディアのコンテンツが、それ以前の過去のメディアであることに関連して、「われわれはバックミラーを通して現代を見ている。われわれは未来に向かって、後ろ向きに進んでゆく」と述べている。つまり活字文化が開花させたルネッサンスの文化のコンテンツは中世で、20世紀のコンテンツは19世紀までの活字印刷が作ったものなのに、われわれは未来を活字文化の延長線上にイメージしているということになる。

　それをメディアに当てはめるなら、例えばテレビを理解しようとする際、そのコンテンツがラジオという過去のメディアであるにもかかわらず、それがテレビ本来のものと勘違いしてラジオ的な手法でテレビを判断してしまうということだ。バックミラーは反射光の最たるものだが、反射光はすでにある過去のものの反映で、このたとえで言うならフロントグラスからの透過光は、これから向かっていく真の未来の方向と言うことができる。ところが、われわれはいつもフロントグラスに注意を払うことができないでいる。

　マクルーハンはまたメディアの通時的な進化にも目を向け、「未来の未来は現在である」と述べている。われわれが未来と思っているものがバックミラーに映った直前の過去なら、過去にとっての未来こそが初めて現在に追いつく。

　マクルーハンは、電子メディアの未来が現在バックミラーに映っている活字文化であることを前提に、さらにその活字文化のバックミラーに映し出されていた未来としての中世の世界こそが、現在における真の未来の姿であると主張したかったのだろうか。しかしマクルーハンにとって未来自体は重要な概念ではなく、むしろ過去からの延長線を延ばし、その中点に現在を認識するための指標でしかなかったように思える。

爆発するグローバル・ビレッジ

テレビ映像が衛星で世界同時にリアルタイムで流れ始めた時期に、マクルーハンが示した「グローバル・ビレッジ」という言葉は、実感として非常に受け入れやすいものだった。

オリンピックの実況中継をテレビで見ている人は、遠い外国の地でいま競技に参加している同国人の姿に同じ村の競技場で試合をしている同郷人と同じような感情を抱いただろうし、1969年にアポロ11号が月の表面から送ってくる宇宙飛行士の映像に「人類の代表」という新しい共通のイメージを持ったに違いない。文明の発達によって、村や地域の共同体が衰退して都市に吸収されていく歴史的な流れを常識として受け止めている現代人にとって、世界が村になるという主張は非常に逆説的に響くが、そうしたテレビ映像による新しい経験はこの言葉を不自然に感じさせなかった。

マクルーハンは電子メディアが世界規模に拡がって人間同士をクールに関与させることで、物理的な村よりもっと大きなスケールで新しい共同体ができ、それが逆に村のような小さなスケールで感じられるというイメージを描いた。そして、このスケールが拡大するエクスプロージョン（外爆発）が、同時にお互いの関与によるコミュニケーションを密にして相互の距離を逆に縮める様子をインプロージョン（内爆発、もしくは内破）と呼んだ。

このイメージは電子ネットワークが実現する世界だが、マクルーハンがイメージするグローバル・ビレッジは「世界規模の小さなコミュニティー」という矛盾する性格を持ち、かつ中世以前の原始社会の持つ部族的社会に近いものだった。すでにインターネットというグローバル・ビレッジには、われわれが現代の作法と思っているルールから逆行した、原始的で暴力的な現象も起きている。

こうしたグローバル・ビレッジの持つ特性については、インターネットの特性と合わせて第3章で詳細に論じることにする。


これらマクルーハンが『メディア論』で展開したメディア論は、いうなればメディアの宇宙を記述したニュートンやアインシュタインの理論のようなものだ。彼は「メディアはメッセージである」という言葉で物質の定義を述べ、「ホットとクール」で物質間の引力や温度変化について触れ、「反射光と透過光」で時間論を導入し、「グローバル・ビレッジ」で宇宙論にまで発展させた。

マクルーハンの描くメディアの宇宙は、非ユークリッド的で、相対性理論のようにそれぞれのメディアの存在が空間や時間に影響を与えるアインシュタインの世界のようだ。ただし相対性理論のような物理法則とは違い、太陽の陰に隠れた星の光の曲がり具合を観測して客観的に理論の正しさを実証していくということは難しい。それは最初にも述べたように、普遍的な法則を構築するというより、未知の宇宙を測定するための探査機の集合体で、理論として厳密に完成されたものではない。マクルーハンのスタイルが厳密でないとして退けることは簡単だが、彼の警句を宇宙に打ち上げてみるほうが、手元のはしごを継ぎ足して登っていくより、早く宇宙の秘密に迫れるのではないだろうか。

第2章　マクルーハンの理解

マーシャル・マクルーハンとは誰だったのか？

マクルーハンが晩年を過ごしたトロントは、カナダの東部オンタリオ州の州都で、カナダ最大の都市として、金融、経済、文化の中心地でもある。オンタリオ湖の北側に面した自然に恵まれた風光明媚な土地で、湖の南側にはナイアガラの滝で有名なバッファローがあり、カナダの最南端の米国に一番近い場所に位置する。

カナダは米国との国境付近に約8割の人口が集中しており、米国北部の州のような存在でもあるが、米国で規制されたネットワークのサービスが移転してきたり、米国で展開される前のインタラクティブ・テレビの実験が行われたり、マイクロソフト社が司法省に分割されるのを避けるため本社をカナダに移転することを検討するなど、時には国境の外の地域としての姿を現すこともある。

マクルーハンはトロントに居を構える利点として、米国を中心としたメディアの状況を語るのに、米国の内部状況に巻き込まれることなくほどよい距離を置いて観察できる利点をよく強調していた。カナダは、彼が言うところの、米国という水の表面に接した反環境を形成している場所なのだ。

トロントは近年まで非常にオープンな政策が取られており、世界から多くの移民が押し寄せることで、50近い言語が話される民族のモザイクのような都市になっている。97年の香港の中国への返還の時期には中国系住民の比率が急増し、「リトル・ホンコン」と呼ばれるようになった。日本でも各地で展開されて有名な巨大画面の映画を製作するアイマックス社や、コンピューター・グラフィックスのソフトで有名なエイリアス社など先端的な映像関連産業もあり、最近はコスト面で有利なことから米国の映画のロケもよく行われている。

「裸のランチ」「クラッシュ」などの作品で有名なクローネンバーグ監督もここの出身で、トロントのテレビ会社を舞台にした「ビデオドローム」という映画では、恩師のマクルーハンをパロディーにしたような人物が登場する。現代音楽を語る際には忘れることのできないジョン・ケージや、22歳で「ゴールドベルク変奏曲」の大ヒットを放ちながらも32歳で公的な場から一切身を引いた天才ピアニストのグレン・グールドも、マクルーハンと交流がありトロントを本拠にしていた。

ダウンタウンにあるトロント大学のキャンパスの中心部に、クイーンズ・パークという広い公園地帯がある。その東側のセント・ジョセフ通りとウェルスレイ通りにはさまれた区域には中世研究センターや神学部の建物があり、その奥にあるグラウンドの脇に、「コーチハウス」(馬車小屋)と呼ばれる小さな古いレンガ造りの建物がある。地図を片手に探さなければ決して見付からないような通りからはまったく見えない場所に、ひっそりと佇む小さなアパートぐらいの大きさの建物で、補修されることもなく荒れたままだったが、かつては「マクルーハン詣で」に日本人の団体客などを乗せたバスもやってきたという。このみすぼらしい建物こそが、かつてのマクルーハン旋風の拠点であり、彼がオフィスを構えていた象徴的な場所なのだ。

このコーチハウスは、マクルーハンが67年からニューヨークのフォーダム大学に行っている間にアーサー・ポーター教授が用意し、68年から使われるようになったものだ。もともと馬車が収容されていた1階には比較的大きな会議室のようなスペースがあり、ルノアールに師事したルネ・セーラがマクルーハンのために69年に描いたテレビをイメージした「ハーメルンの笛吹き」という壁画が飾られており、月曜日の夜には「マンデー・ナイト・セミナー」として世界的に名を馳せた、マクルーハン教授を囲む会ならぬコミュニケーションを主題にしたセミナーが開催されていた。

毎回のセミナーは、マクルーハンが最初の問題提起を数分間で簡単に行うと、車座になった学生や来訪者が活発な論議を始め、話題は尽きることがなかったという。かつてはグレン・グールドやバックミンスター・フラー、当時のピエール・トルドー首相などの著名人も訪れ、マクルーハンの取り巻きたちが集う華やかで知的な社交場だった。マクルーハンの死後もここはセミナールームとして活用されており、テレビ会議などを行える設備を使ってマンデー・ナイト・セミナーを引き継ぐ国際会議も開催されている。

右手奥の狭い階段を上ると2階がオフィスになっており、ここにはいまでもマクルーハンの使っていた机や何度も修理した古い椅子、精神科のカウンセリングに使われるような長椅子なども残っており、独立して生活できるような環境になっている。かつてマクルーハンが使っていた大きな木の机の上には、マルチメディア・プロジェクトなどを行うためのパソコンも配置されて、いくぶん模様替えも行われている。この建物が使われ始めたときの唯一の調度品は、マクルーハンがケンブリッジ時代にボート部で使っていたオールだったというが、主がいなくなり本棚が整理された後は、屋根裏部屋のような空虚な雰囲気も漂っている。しかしいくつかある他の部屋を訪ねてみると、マクルーハンが居た頃からずっと時間が止まったままのようだ。

マクルーハンは62年に『グーテンベルクの銀河系』の出版で大きく注目されるようになり、海外の大学から多くの招聘（しょうへい）を受けたが、トロント大学は彼を引きとめようと給与を倍増し、63年に「文化テクノロジー・センター」の所長に任命した。このセンターは「マクルーハン文化テクノロジーセンター」と呼ばれるようになり、ここでの研究は「マクルーハン・プログラム」として有名になった。80年にマクルーハンの死亡によって一度閉鎖の憂き目にあったが、83年には再開され、その後は情報研究学部に属するプログラムとして、デリック・ドゥ・ケルコフ所長などの下で研究活動や修士課程のカリキュラムが組まれた。彼は日本でも『ポストメディア論』を出版したり世界中で講演を精力的にこなし、マクルーハンの理論をデジタル・メディアやアートなどに広く応用した論文を多数発表している。

トロント大学からあまり離れていないウィッチウッド・パークという閑静な高級住宅街に、マクルーハンが晩年を過ごした家がある。50年代は売れない英文学の教授として自分の処遇に不満を持っていたマクルーハンは、55年にはウイリアム・ヘイゴンとアイデア・コンサルタントという会社を作っていた。ここでは、テープに記録された映画をテレビで再生できるビデオ・カセットのようなものや、ダイエット用テレビ・ディナーなどの奇抜な製品のアイデアを商品化しようとしていたが、このビジネスはうまくいかなかった。しかし彼は『グーテンベルクの銀河系』と『メディア論』という大ベストセラーを放つことで経済的にも恵まれるようになり、長年の夢だったこの優雅で落ち着いた邸宅を購入して移り住んだ。

ウィッチウッド・パークは、全体が柵で囲まれた小高い丘のような集合住宅地で、公園のように木々や花が咲き乱れる中に住宅が散在する静かで心休まる場所だ。その小さな丘の上に建つマクルーハンの家には、彼の死後もコリーヌ夫人が住んでいた。花に囲まれた通路を通って玄関を入ると、マクルーハン本人が一番気に入っていたという、白っぽい色で縁取りの付いたジャケットを着て自宅の庭でポーズを取った姿のポートレート写真が飾られている。

玄関を入った右奥にはかなり広い応接室があり、批評家で小説家でもあった友人のウィンダム・ルイスが描いた若い頃のマクルーハンのスケッチ画や、78年に隣人の画家ヨーク・ウィリアムズが描いた肖像画が飾ってある。暖炉の脇には、晩年のマクルーハンがコリーヌ夫人と無言でダンスを踊る写真が掛けられている。その裏のキッチンには、マクルーハンの特に好んでいたという「うまくいったらそれはもう時代遅れ」(IF IT WORIKS, IT'S OBSOLETE) というタイトルの付いた自らの警句集がポスターになって壁に貼られており、いまでもマクルーハンのオーラが家全体に満ち溢れている。

ハーバート・マーシャル・マクルーハンは、1911年7月21日にカナダ西部アルバータ州のエドモントンでプロテスタントの両親の下で生まれた。父のハーバートはアイルランド・スコットランド系でメソジスト派、不動産業を営み保険のセールスマンもしている気さくな性格の人だった。母のエルシー・ホールはバプティスト派で、女優として舞台にも立つ派手で勝ち気な女性で、いつも夫と喧嘩をしていたという。牧師になった弟のモーリスの回想によれば、マースと呼ばれていた兄のマーシャルは、厳格な教育をしようと子どもに口うるさかった母の相手をして、いつも自分をかばってくれたという。

子どもの頃のマクルーハンは朗読が得意で、教会で独演会をする口の達者な子どもだった。また鉱石ラジオを組み立てて周りの人を驚かしたという逸話もあり、エンジニアを志向してマニトバ大学の工学部に入った。ところがその後、文学に傾倒して英文学専攻に転向してしまう。30年に大学の新聞に掲載された彼の手記には「いつか有名になって、人類に一つでも有益な貢献をしたい」という希望が書かれていた。33年には優秀な成績で卒業して金メダルを贈られ、さらに34年には修士号を獲得する。そしてその後、34年から36年まで英国のケンブリッジ大学に、学部生として2年間留学することになる。

ケンブリッジ大学では『意味の意味』で有名な文芸批評家I・A・リチャーズや詩人のT・S・エリオットなどに師事し、リチャーズの弟子でエズラ・パウンドの研究者でもあるF・R・リービスから、文学を歴史などにとらわれず言語自体から批判していくニュークリティシズム運動の洗礼を受ける。リチャーズは、言葉はいくつもの意味を持ち、詩人と読者との間に存在する良好なコミュニケーションは、言葉の使われている文脈の中から最も当てはまる意味を選択することで成り立つと主張していた。

マクルーハンの伝記を書いたフィリップ・マルシャンによれば、マクルーハンは青年時代にテクノロジーの支配する現代を嫌悪するようになり、そうした自分を守るには現代のコミュニケーションのメディアを理解するしかないと考えるようになったという。そうした彼にとって、リチャーズをはじめとする文学研究の新しい科学的な手法は、その後のメディア研究を進めるための手段として、大きな意味を持つものだった。特にニュークリティシズムがその価値を認めたアイロニーやパラドックスの手法は、まさにマクルーハンのスタイルとして取り込まれ、ずっと彼と共に生き続けたと言える。

英国から帰国したマクルーハンは36年から米国のウィスコンシン大学で助手として教えることになり、そこで若者の文化に触れて大いに驚き、ポップ・カルチャーの研究に目覚める。彼は「私はまったく理解できないアメリカの若者と直面することになり、それを切り抜けるためにすぐに彼らの、広告やゲームや映画といったポップ・カルチャーを研究する必要性を痛感した」と回想しているが、その努力が実を結んだのか、後にマクルーハンはマスコミから「初のポップ・カルチャーの哲学者」とか「ポップの高僧」という称号をもらうことになる。

しかし彼はポップ・カルチャーを好んでいたのではなく、自分が興味を抱いたことを、世間が好んでいると勝手に解釈していると感じていた。あるインタビューには「ヒッピーとかビート音楽は好きではないし、ポップは退屈で嫌いだ」と答えており、あくまでも自分は18世紀の視覚型人間だと主張している。

37年には、以前から傾倒していた、ブラウン神父シリーズで有名な英国の文筆家G・K・チェスタトンがカトリック教会を擁護していた影響で、プロテスタントからローマン・カトリックに改宗してしまう。同年から彼はセントルイス大学に移り、その間にパサデナ劇場に研修生として来ていたテキサス出身の女優の卵、コリーヌ・ルイスと会い交際を始める。当時のマクルーハンは、痩せて口ひげをたくわえた英国風の変わった雰囲気を持ったカナダ人だったという。ケンブリッジ大学に大学院生として再び戻ることになったマクルーハンは、ためらう彼女に「結婚して一緒に行くか、交際を解消するか」と強引にせまり、2人は第二次大戦勃発直前の39年8月3日にイギリスに着き、両親には電報で結婚を伝えることになる。
マクルーハンはケンブリッジ大学で16世紀エリザベス朝時代の作家トーマス・ナッシュの修辞法について論文を書き、43年に博士号を取得する。そして44年からはカナダのアサンプション大学（現ウィンザー大学）、46年からはトロント大学のセント・マイケルズ・カレッジに落ち着くまで、カトリック系の大学を転々とすることになる。

マクルーハンは、知的、闊達でおしゃべり好きな性格の人で、常に自分の好奇心の探求に没頭していた。夜中でも新規なアイデアを思いつくと、すぐ起き出してメモを書き始めることもあり、常に知性が先行するタイプの人だった。コリーヌ夫人によれば、彼の聴覚や視覚は他人よりずっと鋭く、どんな音や風景の変化にも敏感だったという。

メディア理論家としては電子メディアの時代に活字の終焉（しゅうえん）を予言していたが、自分ではもっぱらいつも本や雑誌を読んでおり、彼が擁護した電子時代の象徴と考えたテレビは嫌いで自宅ではほとんど見ることはなく、子どもたちにも見せないようテレビを地下室にしまったり、孫にもテレビを見せないよう忠告したりしていたという。

また映画もほとんど見ないで、映画館に行ったとしてもすぐ寝てしまった。マクルーハンを敬愛していたスタンリー・キューブリック監督が、68年にマクルーハンのためにニューヨークで「２００１年宇宙の旅」の特別試写会を行ったが、招かれた本人は始まって10分ほどで寝てしまい娘のテリが必死で起こそうとした、という逸話もある。

いつもは服装にはほとんど拘らず、結んであるものをそのまま首にはめられるお手軽なタイプのネクタイを使っており、家ではお気に入りのアロハシャツをよく着ていた。いわゆる学者タイプの人で、一見ずぼらでドン・キホーテのような印象を与えた。日本にマクルーハンを紹介した竹村健一がマクルーハンに会ったときの印象によれば、カリスマ性はあるものの偉ぶらずもっぱらカジュアルにふるまっているように見えたという。そして彼の周りには、聖人の言葉を聞き逃すまいと集う使徒たちのような取り巻きが何人もいて、彼らがマクルーハンの言葉を書き取っており解説もしてくれたという。「私は説明しない、探究するのみ」という言葉に代表される通り、マクルーハンは活字時代の人間のような規則的で几帳面に物事を順序よく構成していくことは苦手で、ともかく問題の在り処に鋭い知的嗅覚で切り込むが、その後に指摘した問題を丁寧に説明したり解決方法を示したりすることはしなかった。

ある講演会で米国を代表する社会学者のロバート・マートンが「あなたの説明は矛盾だらけで、まるで脈絡がない」と反論したところ、「それはお気に召しませんでしたか、それならこんなのはいかがでしょう」と悪びれることもなく別の例を持ち出した話は有名だが、学会の中でも異端な存在であったことは間違いない。英文学者としてきちんと体系立った論文を書かなかったことや、メディア論の成功で広告やメディア業界の人々にちやほやされるようになって、トロント大学の学者仲間の反発は高まり冷遇された。さすがのマクルーハンも、こうした扱いに怒りを露にすることもあったらしい。

マクルーハンの家庭はコリーヌ夫人との間にエリック、マイケルの男2人と、テレサ（テリ）、メ

1958年、テキサスの新聞「Fort Worth Star Telegram」に掲載された家族写真。（後列左から）マーシャル、コリーヌ、エリック、テリ、メアリー、（前列左から）ステファニー、エリザベス、マイケル。
©Estate of Marshall McLuhan

アリーの双子、ステファニー、エリザベスの女4人の子どもがあり、非常に円満で幸せなものであったと伝えられる。夫人は元女優だけあって快活、話し好きで、マクルーハンの書いたものを読み原稿の整理も手伝い、マクルーハンの『書簡集』の編纂も手がけた。長男のエリックはヨーク大学教授としてジェイムズ・ジョイスや風刺文学を研究しており、父の仕事と一番近い分野で活躍している。父の死後もその遺志を継いで『メディアの法則』(Laws of Media) を完成させ、さらにマクルーハンの著作やインタビューのエッセンスだけを集めた『マクルーハン必携』(Essential McLuhan) などの本を出版したり、91年から『マクルーハン研究』(McLuhan Studies) という季刊雑誌も出している。

テリはニューヨークで環境問題を研究していくつかの著書もあり、父を最も敬愛していた娘だ。メアリーはロサンゼルスで、マクルーハンの著作などを管理するために87年に創設されたマクルーハン財団の運営を手がけている。マクルーハン自身は良い家庭人であることを心がけていたが、子どもの作るカオス的な環境に慣れることがなく、実際は子どもの世話はあまりやかなかったようだ。

マクルーハンは67年にはニューヨークのフォーダム大学で、アルバート・シュバイツァー人文講座で1年間教えることになり、サバティカルでニューヨークに移る。このときの待遇はかなり良く、大きな邸宅に住むことができたマクルーハンの家族は満足していたという。

ところが彼はその最中の11月に脳腫瘍を患い、長時間の手術に耐えて回復したものの、軽い記憶喪失とノイズ過敏症に悩まされることになる。その後は76年にも軽い脳腫瘍の発作を起こし、79年9月には深刻な発作を再発し、ほとんど言葉を発することができなくなる。彼は敬虔なカトリック信者として、強い意志で病気に立ち向かったが、80年の大晦日の朝、就寝中にそのまま帰らぬ人となった。

マクルーハンの銀河系

マクルーハンはもっぱら64年の『メディア論』で広く知られているが、本格的にメディアについて書き始めたのは50年代からだった。ほとんどの著作は絶版になり入手が困難になる状態が長年続き、マクルーハンの言葉は引用されるものの著書はほとんど読まれていないのが実情だった。活字文化を批判してもっぱらソクラテスのように対話を通して雄弁に時代を語ったマクルーハンだが、彼の受けた教育は読書を基本に置いたもので、その著作には彼の文字・活字教養人としての立場と活字以前のスコラ学派のような語り口が同居し、警句を駆使した文体で口述筆記したような饒舌な理論が展開されている。

マクルーハンは晩年まで毎日発見したアイデアを警句や短いフレーズにしてノートに書き留めていたが、警句によって説明することは本質を掴んでいなければできず、順序だって理論を説明するより優れた方法だと考えていた。トーマス・ナッシュの修辞法やニュークリティシズムの手法に洗礼を受け、印刷文化の伝統の中でも異端的存在だったエドガー・アラン・ポーやジェイムズ・ジョイス、T・S・エリオットやエズラ・パウンド、ランボー、ボードレール、マラルメと続く象徴派の詩人を愛したマクルーハンは、彼らから学んだスタイルを武器にしてメディアを論じた。

それはメディアについて論じるというより、そのスタイル自体が新しいメディアであり、書かれた内容に目を奪われてマクルーハンというメディアのメッセージが読めない読者には、はなはだ不可解で時には煩わしく不愉快なものになった。

『機械の花嫁』

マクルーハンはトロント大学に移ってからもヨーロッパ文学を中心に、コールリッジやジョイスなどの評論やテニソンを扱う教科書の編纂を行うことで、英文学者としての実績を重ねていく。ケンブリッジで洗礼を受けたニュークリティシズム運動の先鋒に立って、アメリカの文芸批評の場面で活躍していた。ところが、51年に『機械の花嫁』(The Mechanical Bride) という奇妙な本を出版する。

これはもともと彼がケンブリッジ大学で提出したナッシュの論文で、中世の三学(論理学、文法学、修辞学)を扱ったことから着想を得たものだった。マクルーハンは言葉による説得を専門にする昔の修辞学者の手法が現代の広告と非常に似ていることに気付き、その手法をポップ・カルチャーやマスメディアの分析に応用しようと考えた。実際にウィスコンシン大学では、文学の授業の教材に広告を使うこともしていたが、この本はそうしたそれまでの研究材料をまとめて整理したものともいえる。マクルーハンは広告を現代アートの一形態と捉え、広告が一般大衆に与える影響を、詩が読者の心にある状態を作り出すのと同じであると考えていた。

「産業社会のフォークロア」というサブタイトルが付けられたこの本は、あたかも民俗学者が祭礼などの行事や生活風習から、その奥にある社会的な意味を探り出そうとするように、主に雑誌から集めた広告を題材にして、その修辞学的な側面ばかりか広告の持つ社会的姿勢をも分析するものだった。そして実際は、自動車に象徴される産業社会の生み出した機械が、人間の生活をいかに単調なものにしていくかを論じたものだ。花嫁という言葉で表される女性のイメージも、機械的に拡大生産され無機質で交換可能の部品のようになっていく人間の性の象徴として用いられている。その意味において、タイトルは「機械になった花嫁」と解釈したほうが分かりやすい。

全体は広告ばかりか新聞、雑誌、ラジオ、テレビ、映画などを扱う59のトピックから構成され、アニーやブロンディ、スーパーマンやターザン、コカ・コーラなどのポップ・カルチャーのアイコンに満ちており、西部劇（ホースオペラ）をよろめきドラマ（ソープオペラ）と対比するような意外な視点が各所にちりばめられている。

この本はマクルーハンが傾倒するジョイスの『ユリシーズ』のようなスタイルを使い、スイスの建築家ジークフリード・ギーデオンが機械化の弊害を説いた『機械化の支配』という著書のアイデアを、マクルーハン的に再構成したものとも言われている。まえがきの中では、マクルーハンが好きでその後も何度も引用することになるエドガー・アラン・ポーの『大渦巻』が引き合いに出されている。この話は大渦巻に巻き込まれた水夫が渦に逆らうことなく冷静にその動きを観察して身を任せることで難を逃れるものだが、この本では現代社会の大渦を構成するアイコンたちの動きに身を任せてその奥にある何かを探ろうとする。

またブルックハルトが、「権力の理性的操作によって国家をひとつの芸術作品に変えてしまう」というマキャベリのやり方を見抜いたことを引き、芸術の分析手法を逆に社会批判に適用する手法を取ったとも述べている。『グーテンベルクの銀河系』で明らかになる活字文化批判はまだほとんどなく、むしろ活字を前向きに捉えている。その後の『メディア論』に集大成されるマクルーハン固有の言い回しの萌芽もいくつか見られ、彼のメディア分析の方法論が醸成されている頃のフィールドワークの集大成としても、象徴的な処女作となっている。

この本はある意味で画期的なものだったが、ジョイスの作品のように奇抜で難解なスタイルで書かれていたためかそれほどは売れなかった。マクルーハンはその結果に不満を募らせていたが、彼にとってはよっぽどの自信作だったのか、いずれは話題になると考えて大量に買い込んでいたという。

原版は大判な本で、題材として使われた広告などの写真が大きく扱われ、その対向ページに論評が書かれていた。日本では68年に竹内書店から井坂学訳で出版された。その後また91年に竹内書店新社から新装版として出された。

『探究』から『マクルーハン理論』まで

53年にはトロント大学の教授となったマクルーハンは、それ以前から親交のあった同大政治経済学の教授ハロルド・イニスが『帝国とコミュニケーション』(Empire and Communications)という著書で展開する説に大きな影響を受けた。この本は、コミュニケーションの手段によって国家の形態が大きく異なることを歴史的に分析したものだ。

この本によれば、石版に文字を刻む国では、情報は固定的になりその耐久性から時間に左右されず、保守主義、階級制や聖なるものを崇める傾向が生じ、パピルスに文字を書く国では、その搬送のしやすさから情報を広い地域に流布さすことが可能になり空間に重きが置かれ、非宗教的で法による支配や政治への参画度が高まるとされる。またイニスは書き言葉は結果的に空間的に分散していき支配や秩序を解体していくが、文字にならない話し言葉は伝承され時代を超えて変化しない魔術的な性格を持つことを指摘し、視覚的な文字の世界に対して聴覚的な話し言葉の持つ力を強調した。

マクルーハンは、イニスの話し言葉に対する視点や、T・S・エリオットが話し言葉が本能的に歴史を超えた本質を伝えることを指した「聴覚的想像力」という概念に影響を受け、聴覚的な世界に視点を移す。またイニスの説が、話し言葉や書き言葉といった基本的なメディアを超えて文明にまで及んでいることを受け、彼もそれまでの文学的な研究からメディア一般へと視点を移していった。

トロント大学での活動を活発化したマクルーハンは、『機械の花嫁』の実績も評価され、53年からフォード財団から4万ドルの研究助成金を受けてセミナーを開くようになり、その機会に意気投合した人類学者でエスキモー文化研究を専門にするエドマンド・カーペンターやデザイナーのハリー・パーカーらと一緒に『探究』(Explorations)という雑誌を刊行し始める。

この雑誌は印刷物や新聞、テレビなどのメディアの文法を探究し、それらが人間関係や人間の感受性をも変えた様を論じ、電子メディアが現代の価値観にどういう影響を与えているかも解き明かそうとした。そしてここでは『機械の花嫁』のときのようにそれらの渦に巻き込まれるより、環境化して外に逃れることが困難になったメディアを、電子メディアの視点から印刷物を、印刷物を通してテレビを分析したりするなど、メディア同士を比較することで客観化しようとするもっと積極的で新しい方法論が展開されている。

ここに集まったさまざまな分野の寄稿者から、マクルーハンは多くのものを学び、広い分野の知見に刺激を受けながら自らの方法論を開拓していった。カーペンターはマクルーハンに、エスキモーの世界では視覚より聴覚が優先され、音によって構成される中心や物事の階層的関係がないことを教えてくれ、マクルーハンの聴覚への興味をまた喚起する。これらの経験を通してマクルーハンは、電子メディア時代には視覚ではなく聴覚が復権していくことを理論化していく。

この雑誌は59年まで8号続いたが、一部に彼の学説の熱烈なファンも生み出すことになる。そこで60年にはその中の主な論文24編が『Explorations in Communication』というコンパクトな本にまとめられ出版され、これはマクルーハン理論の入門書として高く評価された。日本では67年に『マクルーハン入門』（大前正臣・後藤和彦訳：サイマル出版会）として翻訳された後、81年に『マクルーハン理論』（同）として再度出され、その後2003年に平凡社ライブラリーの一巻となった。邦訳は完訳ではないが、原書にはない67年に書かれたジョン・カルキンの解説とマクルーハンの講演録が加えられ、新版にはブームの途中に出された旧版からの時代の変化が読み取れる「訳者まえがき」も付けられている。

全体は2部構成で、第1部「マクルーハニズム」は主にマクルーハン本人の印刷物やテレビに対する論文が7本集められており、第2部「コミュニケーションの新しい探求」にはカーペンター、ギーデオン、デビッド・リースマンや鈴木大拙などの寄稿した論文が盛られている。L・K・フランクの「触覚的コミュニケーション」やH・J・チェイターの「読むことと書くこと」などの論文は、直後に出版された『グーテンベルクの銀河系』にもそのまま生かされている。

マクルーハンはほとんど欧米の世界を中心に論を展開していたが、聴覚的世界の原型として東洋にも興味を持っていた。特に空間を埋め尽くす活字文化の対極にある「間」の考え方には、大いに共鳴するところがあったようだ。鈴木大拙はこの本では、芭蕉の有名な「古池や蛙とびこむ水の音」という俳句を例に引きながら、仏教哲学の象徴主義について論じている。

『グーテンベルクの銀河系』

62年に出版された『グーテンベルクの銀河系』(The Gutenberg Galaxy)は、カナダで最高のノンフィクションを対象とした総督文学賞も取り欧米で話題を呼ぶことになり、カナダの無名に近い英文学の教授を世界にデビューさせるものだった。ジョージ・スタイナーはマクルーハンの著作中この本を最も高く評価しており、『メディア論』はそれを変奏したものにすぎないと言っているほどだ。

この本はサブタイトルに「活字人間の形成」とあるように、グーテンベルクの発明した活字印刷によって西欧文明がいかに影響を受けたかを扱うものだ。つまり活字印刷がそれまでの話し言葉を中心とした聴覚的な世界を終わらせ、印刷文字や直線的に配置され構造化した本のような視覚的なものに重点を置くようになって、物事とその記述が分離することで客観化されるリテラシーを生んだが、それがテレビのような電子メディアの出現によってまた変化しつつあることを主題としている。

同書のまえがきにもあるように、タイトルの「銀河系(Galaxy)」は当初「環境(Environment)」とする案もあったが、新しいテクノロジーで大量に生産されてどこにでも普及した書物が環境化することを示唆している。

広告のコピーのような長めのタイトルが付けられた数ページの短い107項のテキストが、順序よくというよりハイパーテキストのようにちりばめられた、構成自体がまさに銀河系のような様相を呈している独特のスタイルを取っている。あるものは前後のものとまとまりを見せるが、あるものは無関係に見え、それぞれの文章が全体の主張の相似形になっており、さながらホログラムやフラクタルのような構造になっている。マクルーハンはこれを「モザイク」と称し、直線的に構成される活字時代の本のアンチテーゼともいえるスタイルを用いた。

60年代の終わりに現在は当たり前になった「パーソナル・コンピューター」という概念を提唱していたアラン・ケイは、マクルーハンに大きな影響を受けた一人だ。彼はマクルーハンの思想を理解しようと、夏休みの数カ月間を『グーテンベルクの銀河系』の読破のためだけに費やし、コンピューターをメディアとして捉えるようになったという。ケイが未来のコンピューターとしてイメージしていた「ダイナブック」は、本のように手軽に持ち歩けてスケッチを描いたり情報検索をしたりできる現在のノートパソコンの進化したようなものだが、それはまさにこの本から着想を得たのではないかと思わせるものだった。

『グーテンベルクの銀河系』は15世紀のグーテンベルクによる活版印刷が、それまでの写本文化を終わらせ多くの書物を普及させることにより、西欧世界の視覚優先の世界を作ってきたことを説くものだ。マクルーハンは本書の中で、チェイターが口承、写本、印刷が文学に与えた影響を論じた『写本から印刷へ』を読んで、この本の執筆を思いついたと述べている。また日本でも『声の文化と文字の文化』で知られるセントルイス大学のウォルター・オングのラムス研究からも多くの影響を受けている。

ラムスは16世紀に知識を空間的に位置付け、印刷本を教育に応用しラムス主義を確立し、ベーコンやデカルトに大きな影響を与えたが、オングの著作はマクルーハンに活字の影響を実証するものとして貴重なものだった。最終章「再編成された銀河系」では、全体をまとめるものとしてウィリアム・ブレイクの『エルサレム』から「もし感覚器官が変わるとしたら、近くの対象も変わるらしい。もし感覚器官が閉じるとしたら、その対象も閉じるらしい」という言葉が引用され、人間の感覚が活版印刷というテクノロジーに外化し閉じ込められると結論付ける。そしてマクルーハンにとっては、印刷の催眠術にかかった人間を目覚めさせるものは、ジョイスの『フィネガンズ・ウェイク』のような部族的な全感覚の参加を可能にする電子メディアの力であることが明らかにされる。

邦訳は68年に高儀進訳で竹内書店から出ているが、その後の86年にみすず書房から森常治訳で新版が出された。

『メディア論』

64年に出された『メディア論』(Understanding Media) は、それまでに書かれた2冊の本のエッセンスを集大成したものだ。『機械の花嫁』が当時のポップ・カルチャーという現在の批評手法の開拓であったとすると、『グーテンベルクの銀河系』は活字の発明という過去まで遡った歴史的な観点からまとめられたメディア論で、最終章には『メディア論』の出版が予告されていた。そしてこの本はさらに各メディア、特にテレビに象徴される電子メディアが未来にどうつながるかまでを射程においたものだ。

前2冊にモザイクのようにちりばめられたアイデアはある程度整理され、普通の本のように順序だって展開したもので、いくぶん理解しやすいスタイルになっている。第一部に理論的な核心にあたる7つの章が述べられた後、第二部で「話されることば——悪の華?」から「オートメーション——生き方の学習」までの過去から現在に至る彼がメディアと考えるありとあらゆるものを取り上げた、アルファベットと同じ数の26の章が並ぶ。この本の中心テーマはサブタイトルにあるように、すべてのメディアは「人間の拡張」であるということだ。

この本の第1章のタイトルになっている有名な「メディアはメッセージである」という言葉は、最初は58年に米教育放送者協会（ＮＥＢＡ）に依頼された教育用のテキスト作りの過程で出てきたもので、この作業が『メディア論』の基本的構想のきっかけになったと考えられている。残念ながらこのテキストは、その後正式に採用されることなくお蔵入りとなってしまったが、マクルーハンはこの中ですでに高精細や低精細というメディアの分類を、チャートを使って行うなど、晩年の『メディアの法則』に通じるような手法も試みている。第2章以降はホットとクールや、ナルシサスなど、メディアの生理とダイナミズムの構造を捉える主なキーワードが並び、方法序説としてまとまっている。

多くの人が指摘するように、ここでもマクルーハンの文章のスタイルや展開は突飛であったり脈絡が掴みにくかったりして分かりにくいが、現在これを邦訳のタイトル『メディア論』として眺めてみると、まさに一般のメディア論の本と変わらない普通の構成になっている。言葉のみに集中しないで全体の流れを少し距離を置いて見てみると、彼の本の中では最も理解しやすいものであることが分かる。

同書はマクルーハンの最も有名な著作であり、各所で引用されながらも長い間絶版になっていたが、インターネットやデジタル化が話題になり始めた94年にＭＩＴプレスから再版された。この版ではかつてマクルーハンについてもよく取り上げていた高級誌『ハーパーズ・マガジン』の編集者ルイス・ラップハムがイントロダクションを執筆しているが、この本について「出版から数カ月もたたぬうちに、この本は聖書のような評価を得て、著者のマクルーハンは時代の第一流の予言者となった」とある。まさにマクルーハン・ブームの中心を成す金字塔的な本であり、マクルーハンの名前を不朽にしたものだった。

日本では67年8月に、竹村健一の『マクルーハンの世界』(講談社)という解説書が出て、誰もマクルーハンの書いたものを読んでいないうちにブームが始まった。そして『メディア論』が、同年11月に後藤和彦・高儀進訳による『人間拡張の原理』(竹内書店新社)というタイトルで出版された。87年にはこの本もみすず書房から再度、『メディア論』というタイトルで栗原裕・河本仲聖訳で出されており、いまではこちらの本が主に引用されている。

『メディアはマッサージである』

『メディアはマッサージである』(The Medium is the Massage)は67年に出版された写真主体で構成された本だ。タイトルはマクルーハンらしい「メディアはメッセージである」からのもじりだが、メディアは独自に存在するものではなく、結局はそれを使う人間の感性をマッサージするように変えていってしまうことを意味している。

この本は、グラフィック・デザイナーのクエンティン・フィオーレとのコラボレーションから生まれた、『メディア論』のビジュアル版入門書とも言えるものだ。活字を否定したと受け取られたマクルーハンが活字本を出すことを皮肉る人も多く、この本がビジュアル本として活字表現の限界に挑戦して新しい印刷本のフォーマットを模索したと受け取れないこともない。出版にこぎつけるまでいくつもの出版社に断られたが、結局は世界各国で翻訳も出され、累計100万部を超える大ベストセラーになった。

米国のデジタル・カルチャー雑誌『ワイアード』(WIRED)には、この本が大きな影響を与えている。同誌の共同創業者でもあるルイス・ロゼットは、60年代にリアルタイムでマクルーハン旋風を受けた世代だが、新しい雑誌のスタイルを模索している途中で、かつて購入したこの本を再度手にとって、これこそ彼の求めていたものだと感じたという。『ワイアード』はいつも扉の口絵に、メディアを題材にしたデジタル・グラフィックスを掲載していたが、これはこの本の手法をそのまま踏襲したものだ。

邦訳は95年に南博訳で河出書房新社から出され、2010年には同社から新装版、15年には門林岳史訳で河出文庫になった。

その他の著書

マクルーハンが自らすべてを純粋に書き下ろしたのは最初の3冊だけで、他は共著の形を取っているが、本人はほとんど書いていないと考えられている。70年には『文化はわれわれのビジネス』(Culture is Our Business)を単独で出しているが、これは『機械の花嫁』のリニューアル版で、その後のいくつかのものには特記すべきものはない。彼の下には人気にあずかろうと共同企画がたくさん持ち込まれたが、マクルーハン本人は書くことにあまり興味がなく、アイデアを語ることに終始したとされる。マルシャンなどは、これらの共著については評価しておらず、金儲けのために質を落とした批判している。
主な共著を列挙してみると、ほとんどがそれまでの著書をさまざまなスタイルで再編集したものになっており、内容的にあまり新味はない。

Through the Vanishing Point／消失点を越えて＝ハーリー・パーカーとの共著　68年
太古の絵画から現代の雑誌に至るまで、絵画と詩の実例を通して遠近法がどのように使われ変化し、人間の空間認識に影響を与えたかを論じるもの。アルタミラの壁画から、カンタベリー物語、シェークスピアやダンテの著作、ボッシュやブリューゲル、グレコやレンブラントの絵画、ポープ、ミルトン、ブレイク、テニスン、シェリー、ボードレール、ランボーなどの詩、ムンク、スーラ、クレー、シャガールからスタインバーグに至る近代絵画まで、マクルーハンの著作でもよく引用された作品、49点を図版や原文と対照しながら簡潔にコメントしていく。

War and Peace in the Global Village／地球村の戦争と平和＝クエンティン・フィオーレとの共著　68年
『メディアはマッサージである』の続編とも言うべき、ビジュアルと文章を自由に並べたマクルーハン理論の解説書。活字文化から電子メディアへの移行は、大きな文化上の摩擦や争いが生じることを前提に、戦争というキーワードにひっかけながら論を展開する。『メディアはマッサージである』より文章量は多く、ピクチャーブックという形での試みは踏襲していない。一度は番町書房から邦訳も出たが、現在は絶版になっている。

Counterblast／激しい反発＝ハリー・パーカーとの共著　69年

１９１４年にウィンダム・ルイスがロンドンのレベル・アートセンターで開いた、タイポグラフィーを多彩に用いたBLASTという展覧会にひっかけ、マクルーハン理論をこの手法で展開した解説書。仏訳もされ、欧州で評判になった。『メディアはマッサージである』が図版を用いた入門書なら、これはタイポグラフィーを大幅に取り入れたバージョンとも言える。

From Cliché to Archetype／常套句から原型へ＝ウィルフレッド・ワトソンとの共著　70年

常套句は、もともとは聴覚的な世界で話される言葉に独特の技法だった。この本は不条理劇(Absurd, Theater of the)から始まって、原型、常套句、環境、目と耳、アイデンティティー、ジョーク、パラドックス、パロディーから劇（Theater）まで、30の言葉をＡＢＣ順にキーワードにしたエッセイ集。警句のスタイルを取った辞典とも考えられる。しかし内容はモザイク的で、結局は辞典としては成功していない。

Take Today／今日がチャンスだ＝バリントン・ネビットとの共著　72年

マクルーハンの理論をビジネスやマネージメントに応用した本。活字と機械の時代のビジネスが、電子メディアと情報化によって、ハードからソフトに、職業から役割にと変化するに従って、ビジネスはどう対処すべきかを説いた警句をちりばめた指南書のようなスタイルで書かれている。そうした時代には組織の役員は新しいテクノロジーと対決しなくてはならなくなり、これまでの体制からドロップアウトしてまったく新しい見方をすべきだと説く。あくまでもマクルーハンの著書のスタイルをビジネスに応用した形を取っており、ビジネスのやり方を具体的に解説するものではない。

City as Classroom／教室としての都市＝キャスリン・ハッチョン、長男エリックとの共著　77年
マクルーハンはこれからの情報時代は学習がビジネスと同じものになると考えていたが、この本は教科書風にメディア全般を自習できるような形式で構成されている。
第1章は「知覚のトレーニング」として図と地や錯覚について、第2章では「メディアの特性」として自動車から貨幣まで16のメディアについて特性をチェックする方法、第3章ではそれらの効果の検証、第4章「教室としての都市」では社会全般のメディアとの付き合い方、広告を題材にしたメディア分析の方法など、第5章「現代への関連付け」では俗語やポップ・カルチャーなどを含めた方法論の補足が述べられている。「もし、このメディアがなかったら、いまのカルチャー・シーンはどうなっているか？」というような項目が、チェックリスト風に並ぶ。

Laws of Media／メディアの法則＝長男エリックとの共著　88年
マクルーハンが『メディア論』の改訂版を依頼されて、この本への読者の反応や70年代に明らかになってきた新しいメディアを加味して検討を進め、メディアのダイナミズムをもっと大きな法則として定式化したもの。拡張／拡充、衰退／閉鎖、回復、反転という4種類の言葉によって、あるメディアが社会や人間にどういう影響を与えるかを示す試み。息子のエリック氏の努力で出版はされたが、基本的にはマクルーハン本人が最後に一番力を注いだ未完の書として位置付けられる。２００２年にＮＴＴ出版から中澤豊訳で出版された。

The Global Village／グローバル・ビレッジ＝ブルース・パワーズとの共著　88年
サブタイトルに「21世紀の生とメディアの転換」とあるように、『メディア論』後のメディア状況

をふまえ、76年からに新たに論議された題材を加えて整理し、電子メディアによって力を取り戻す聴覚的世界と、従来の活字による視覚的世界がぶつかり合うことで生じる摩擦をどう回避していくかを、『メディアの法則』でも詳説されたテトラッドを用いて分析していく。「エンジェリズム」（天使主義？）や「ロボティズム」（ロボット主義？）のようなキーワードも出てくる。２００３年に青弓社から浅見克彦訳で出版された。

また、67年にはジェラルド・スターンが編纂した『マクルーハン：ホット&クール』（McLuhan：Hot & Cool）という論文集が出された。これにはトム・ウルフ、ケネス・ボールディング、ジョージ・スタイナー、スーザン・ソンタグなども寄稿しており、マクルーハンに対するさまざまな賞賛と批判が並び、マクルーハン自身もそれらに答える形で4本の論文を寄稿している。マクルーハンに関する各界の論評が出尽くし、それに対応する必要から出された本と思われる。この本のまえがきでもマクルーハンは、「私は説明しない、探究するのみ」と繰り返し、しかし対話は必要であるという立場を表明している。

その他、類似したものとしては、68年にレイモンド・ローゼンタールが編纂した『マクルーハン賛否両論』（McLuhan Pro & Con）もある。

メッセンジャーとその時代

マクルーハンがその名声の頂点に立ったのは、「60年代の聖書」ともてはやされた『メディア論』を出版した直後から数年の間だった。当時はメディア理論やメディア論という分野が特にあったわけでもなく、『ハーパーズ・マガジン』はこれを「コミュニケーション理論」と呼び、『ニューズウィーク』は「彼を名付けるなら、コミュニケーション理論家（Communication Theorist）という新語を使うことになる」と書いている。

65年の『ニューヨーク・ヘラルド・トリビューン』紙や評論家のジェラルド・スターンは「ニュートン、ダーウィン、フロイト、アインシュタイン、そしてパブロフ以来の最も重要な思想家」と言い切った。『ニューズウィーク』が「トロントの予言者」「20世紀のアルキメデス」と呼び『ハーパーズ・マガジン』も「カナダの知的彗星」と形容し、『ニューヨーカー』がT・S・エリオット、オスヴァルト・シュペングラー、D・H・ロレンス、デビッド・リースマン、ハンナ・アーレントなどの文明評論家と肩を並べる人物と評価し、マクルーハンは各方面からの賞賛の声に迎えられた。

欧州ではフランスが熱心に反応し、マクルーハニスム（mcluhanisme）というフランス語も生み出されてそれが英語になり、オックスフォード英語辞典の補遺に収録された。

作家のトム・ウルフは、マクルーハンとも親交が厚かったが、「マクルーハンはニーチェ以来のキャッチフレーズの名手」と持ち上げ、マクルーハンの理論のインパクトをフロイトにも匹敵するものとして「フロイトは人間の心理をセックス、マクルーハンはメディアをテレビという象徴的なキーワードですべて料理した。人が『それは、われわれのほんの一部にすぎない』と言うと、彼らは『あんたたちは、ほとんどそれの一部なのだ』と反論した」と述べている。これはマクルーハンの理論がメディアを中心に据え、人間がメディアを変えるより逆にメディアによって決定されていく、というメディア決定論だと批判された声を受けたものだろう。

ウディ・アレンは彼の監督する77年の映画「アニー・ホール」にマクルーハン本人を引っ張り出し、映画を待つ列の中で、マクルーハンの説を「テレビはホットだ」などと間違って吹聴するコロンビア大学の教授の横に、マクルーハン本人が突然出てきて「あなたは私の研究について何も分かっていない。私のたわ言はすべて間違っているとでも言いたいのですか」と反論するシーンも撮っている。

アレンはマクルーハンに傾倒していたが、世間が騒ぐ一方でマクルーハンの理論に無理解なことに反感を持っていたのだろう。当時は「ホットとクール」の意味について誤解が多く、ジョナサン・ミラーのように堂々と「テレビはホットだ」などと逆の解釈を本に書いている人もおり、マクルーハンの理論は探究されるよりキャッチフレーズとして利用され、メディアのオモチャになっていた。

またマクルーハンの著作が難解であるために、すでに『ライフ』のように「コミュニケートできないコミュニケーション理論家」と彼を皮肉なニュアンスで形容したり、『ニューズウィーク』のように「マクルーハン、彼は正しいか間違っているのか？　そうイエスでノーだ」という声を伝える雑誌もあった。

ある評論家は「最初の1ページは感動的、2ページ目は刺激的、5ページ読み進むと疑念が湧き、10ページまで進むとやはりそうかと確信する」と書いている。67年には『ニューズウィーク』の表紙を飾ったが、70年の『ニューヨーカー』のひとコマ漫画で、マクルーハン・ブームが去ったように皮肉られ、雑誌メディアの関心は薄らいでいった。しかし、70年代にはカナダの放送局CBCの番組に何度か登場し、意気軒昂なところを見せている。

マクルーハンに反応したのは、主にテレビを中心としたマスメディアと広告の業界だったが、GMやベル電話会社（AT&Tの前身）などの経営者も興味を示し、経営指南に彼を招き、ランチに1000ドルを払うこともあったという。

GMが少量多品種を求められる時代にオートメーションのアセンブリーラインでマスプロ体制を取っていることを批判したり、IBMを「事務機器の製造をしているのではなく、情報の加工をする」企業と位置付けたり、「ベル電話会社の人は誰一人として電話を理解していない。電話の本質はクールであるのに、電話会社の重役はそれがよく分かっていない」と切って捨てるマクルーハンの言葉は、ある意味でメディア的な観点から本質を突いた発言で経営者には新鮮に響いただろうが、これを経営手法や企業戦略に具体的に結び付けるには無理があった。

当時はマクルーハンの言葉が「役に立つか、ただのたわ言か」ということのみが注目され、彼の言葉を予言と解釈して当てはめた事象が実際にそうなるかで彼を判断しようとする風潮もあった。しかしマクルーハンはそんなことにはおかまいなく、企業からの反応に気を良くして『今日がチャンスだ』のような経営関係の本にも手を出したり、68年には『DEWライン』という企業向けのニューズレターも出している。このことが結局は、文学や社会学などの既存の学問分野を専攻する学者とマクルーハンの間にさらに溝を作ることになる。

特に彼の理論に反応したのは、活字文化の次にくる電子メディアの象徴として語られたテレビ業界の人たちだった。当時「メディア」という言葉は、現在とはかなり違ったニュアンスで用いられており、マスメディアという業態に付随する概念として捉えられており、この時代にメディアといえばテレビを指すことが多かったが、当時のテレビは低俗でくだらない二流のメディアだという評価に甘んじていた。

こうした世間の見方はパソコンが出始めた80年代中ごろまで変わることはなく、85年にMITでニコラス・ネグロポンテが「メディアラボ」というメディア研究のための施設を設立した当初も、「こういう低俗なものを大学が研究するとはどういうつもりだ」という非難が多く出されたほどだ。

ところがマクルーハンは、そのテレビこそがクールで触覚的な次世代のメディアとして人間性を回復してくれるという論調を展開した。いつも肩身の狭い思いをしてきたテレビ関係者は、世界的に有名な学者がはっきり意味は分からないものの、自分たちの立場を理論化して擁護してくれたと感じた。しかし、大方の経営者は、「マクルーハンの理論は科学的でなく応用はできないが、刺激にはなる」という程度の理解しかしていなかった。

広告業界ではサンフランシスコの広告関係者ワード・ゴサージが、「広告の世界を動かすテコの支点を与えた現代のアルキメデス」と称えた言葉が有名で、真剣に取り組もうとする人も一部にはいたが、実際はマクルーハンの言葉をセールストークに使う程度の扱いでしかなかった。

大学の研究者の反応は、反感に満ちたものが多かった。大方の批判は「メディアはメッセージである」という言葉を、「メディアのコンテンツは重要でない」と解釈するところからきていた。コロンビア大学のハザード教授は、マクルーハンが現代の子どもが筋道を追わない聴覚的な世界に生きていると言っているのを真に受けて、筋道のない全体のイメージをいっぺんに与える形式の教育番組を作るのは無意味であると批判し、「最も心配しなくてはならないことは、メッセージの内容を軽視する同氏の理論が、現場の教師やまじめに子ども番組を制作している人々にマイナスの影響を与えるかもしれないことである」と述べている。

ハザード教授はまた、「マクルーハンがメディアの歴史を単純に扱いすぎており、机上の論理として実際の検証に耐えられるものではない」と批判している。またマクルーハンが視覚優先の活字文化を批判し、電子メディアによって過去の聴覚的な部族社会が復活すると論じたことに関連して、それが復古主義でファシズムを容認して全体主義への傾倒を無批判に賛美している、と警告する批判も出された。

マクルーハンの理論はむしろ若い世代にはすっきり受け入れられ、65年にはブリティッシュ・コロンビア大学でマクルーハン祭りが開かれ、カーテンで仕切られた人間を外から触る触覚の復活を象徴する展示などが評判になり、マクルーハンの理論が応用された新規な試みとして注目された。また日本で初の万国博が大阪で70年に開かれたが、その直前の67年のモントリオール万国博覧会では、環境芸術のようにそれに関与する芸術が各所で見られ、電子式のディスプレイが多用されて初のマルチスクリーン方式の展示が話題を呼んだが、関係者からはマクルーハンの影響が色濃く出ていたと指摘されている。

日本のマクルーハニストたち

日本で最初にマクルーハンが紹介されたのは、66年に『放送朝日』の8月号が特集した「映像文化論」特集でだった。これには竹村健一が「テレビ時代の予言者M・マックルーハン」、後藤和彦が「メディア即メッセージ」という文を寄稿している。竹村はその中で「66年の初めにニューヨークに出張した際にマヽヽヽヽヽックルーハンという学者を知った」と述べているが、その3月に『ライフ』誌に掲載されたマクルーハン論の特集を見付け、『放送朝日』に持ち込んだところ出版の話が進んだという。

結局、竹村は翌年の8月には講談社から『マクルーハンの世界』を出し、これはその年のベストセラー第8位になり、その後11月には『マクルーハン理論の展開と応用』、翌年の2月には『マクルーハンとの対話』を出し、日本におけるマクルーハン・ブームの口火を切った。『マクルーハンの世界』は、「現代文明の本質とその未来像」というサブタイトルが付けられ、著者のあとがきによれば、かなり力を注いだ本であることがうかがえる。内容はマクルーハンの理論や人物像、マクルーハンの理論をかみくだいた解説やテレビに焦点を当てた論もあり、コンパクトにまとまった解説書となっている。

しかし、これはあくまでも竹村流解説書で、読者の興味を喚起する演出上、「マクルーハン、現代のミステリーに挑む」という第2部では、「なぜアメリカはベトナム戦争に早く勝てないのか?」「なぜ現代の若者たちは、フリー・セックスを実行しているのか?」などと、マクルーハンを予言者に仕立てて、これらの理由をマクルーハン理論から解説している。こうした例は理論自体より効用を説くことで分かりやすいが、竹村本人がマクルーハンを応用して、「来たる70年の安保改定の際には60年の改定時より騒動は少ないだろう」と予想した部分が、各所で反発を呼んだ。

さらに『マクルーハン理論の展開と応用』では、当時好況だった企業の秘密をマクルーハンの理論で説明できるとし、その効用を前面に押し出した。マクルーハンの言葉はさまざまな解釈を許す幅広さと同時にあいまいさを持っていたため、彼の言葉をいいように道具に使うことが可能で、竹村もマクルーハンの学問的紹介ではなく、自分の解釈を披露したと弁明している。竹村本人は、自分のカジュアルな性格はマクルーハン本人の性格にも通じ、マクルーハンに心酔することで、同じようなスタイルのものができてしまうと考えていたが、学者はそうした態度に不快感を示した。

当時はＮＨＫ放送文化研究所に勤務していた後藤和彦らの『メディア論』の翻訳が67年の11月に出された。ＮＨＫは当時、東京オリンピックを機にテレビのカラー化を成し遂げ、次の目標として次世代テレビ（ハイビジョンや立体テレビ）を模索している最中だったので、マクルーハンのテレビに対する理論も注目されたのだろう。あとがきには、マクルーハンの「メディア」の定義が一般的でないため、あえて原書のサブタイトルにあたる「人間拡張の原理」を邦題に付けたとある。

マクルーハンの書いたものは、それ以前にもジョージ・レオナードとの共著『セックスの未来学』のような短いものが『現代』に紹介され、『メディア論』の一部は『中央公論』に抄訳が出されていたが、ここで本命の翻訳がきちんとなされたことになる。後藤はアカデミーやジャーナリズムの流儀を守ろうとしたのか、10月には『朝日ジャーナル』に書いた「マクルーハンの生んだ幻想」では、マクルーハン・ブームに対する警告を口にする。その後「竹村ラッパ」と言われた竹村健一と後藤和彦は、マクルーハンの扱いをめぐって対立し、そのことがまた新聞や雑誌で面白おかしく論じられることになる。

67年にはともかく『朝日ジャーナル』『ブレーン』『現代』『近代経営』『映画評論』などの月刊誌や主な週刊誌、新聞各紙が「猛威のマクルーハン旋風」「マクルーハンとは何ぞや」「現代の予言者マクルーハンを解く鍵」「マクルーハン理論は果たして妥当か」等々のタイトルの記事を掲載して、マクルーハン・ブームの解説を試みた。

『週刊文春』の10月16日号の「マクルーハン旋風を叱る人々」は、冒頭で「外国の学者の新説なら、ワッと飛びつく軽薄さはなにもいまにはじまったことではない。ホットとかクールとか、なにがなにやらわからぬうちに爆発的ブームを呼んだ『マクルーハン理論』。まだ本人の著書が1冊も翻訳されないうち、〈経営理論の〝革命的〟予言者〉に祭りあげられた。それにしてもこの騒ぎ、少々度がすぎるようである」と述べている。

本文中には「竹村式マクルーハン説法」「経営学には役に立たない」「いまもって良くわからん」などのサブタイトルが並んでいるが、そこには竹村、後藤のコメント以外に、テレビ司会者の木島則夫が「同感だ」と言う一方で小川宏が「好きじゃない」と切って捨てる発言や、当時NHKのディレクターをしていた和田勉の「その場では納得しても、2時間たってみると、いったい何のことかわからん」という否定的な言葉も並んでおり興味深い。

岡本太郎は「オリジナルな発言のダイナミズムに私は共感する」と好意的な見方をしている。大学の先生は、後に『メディアはマッサージである』を翻訳する南博を除いて、ほとんどが否定的だ。竹村の論によれば、批判する学者はマクルーハンの理論を活字人間として遠くから眺めているから分からない、となる。「日本のマクルーハニスト第1号」を自他共に認める竹村と、それと一緒のブームに嫌悪感を抱く学者、また表層的に騒ぐメディア業界という三者がもみあううちに、ブームはあっという間に終わった。

60年代の日本は、池田内閣が「所得倍増計画」を打ち出し、岩戸景気、オリンピック景気、いざなぎ景気という年間経済成長率が2桁の時期が続いて、68年にはGNPは西側諸国中で西ドイツを抜いて米国に次ぐ第2位にまで回復していた。東京オリンピックに合わせて新幹線や首都高速道路が整備され、カー、クーラー、カラーテレビの3Cが家庭の消費のシンボルとなった。それまでの製造業の復興に目処が付き、レジャーやファッションなどにも人々の目が向き出した頃でもあり、広告やテレビ業界はその恩恵を受けて活況を呈していた。

特に団塊の世代の若者を中心にした新しいカルチャーが目に付くようになり、米国のカウンター・カルチャーが輸入され、「アングラ」「ヒッピー」「サイケ」などという言葉も流行し、ミニスカートやゴーゴーが話題になった。

65年のベンチャーズや66年のビートルズ来日の影響でエレキ・ギターを使ったグループサウンズが流行し、67年にはジャッキー吉川とブルー・コメッツの「ブルー・シャトウ」が大ヒットしていた。『平凡パンチ』や『週刊プレイボーイ』なども売上げを伸ばし、65年に始まったテレビの「11PM」や、67年から始まった初のラジオの深夜番組「オールナイトニッポン」など、主に若い男性向けの番組作りが活発になっていた。寺山修司の「書を捨てよ、町へ出よう」という言葉が流行語になり、『頭の体操』などの本がヒットした。

映画ではアメリカン・ニューシネマの代表格の「俺たちに明日はない」や「卒業」がヒットした。一方では非核三原則の宣言があり、学生運動が激化し、イタイイタイ病などによる公害問題も表面化していた。そんな動きの激しい時代の中で、マクルーハンの本は非常に風俗的な扱いを受け、読まれる前にただのブームとして消費されていった。

60年代は「モーレツ」の時代だったが、70年代は「ビューティフル」が標語となり、日本人のほとんどは中流意識を持つようになる。たび重なる石油ショックやニクソン大統領が金の兌換制度を撤廃することによるドル・ショックで世界経済は後退し、アポロ計画のような大きなプロジェクトは終わり、ベトナム戦争も終結に向かう。日本では成田空港開港まで反対闘争が続き、よど号ハイジャック事件やロッキード事件などの大きな事件が起き、時代はペースを落としていた。

73年6月にはマクルーハンがバチカンの情報担当顧問に任命された短信が新聞で伝えられたが、ほとんど話題にされることはなかった。

知的彗星の帰還

そして80年のマクルーハン他界を受け、マクルーハンを再評価する動きが活発になった。記号論ブームもこれに加わり、関係者は60年代のブームで十分に論議されなかった、個別の感覚の働き、活字以降の非言語的コミュニケーション、東洋思想との関係の解明などを再度進めるべきだという提案が出された。82年には『ザ・メッセージ　マクルーハン以降のメディア環境』が出版され、活字、映像、フェミニズムなどの観点から、各界の関係者が討論している。

81年には『マクルーハン理論』、86年に『グーテンベルクの銀河系』、87年の『メディア論』と60年代の邦訳の新版が出され、環境は整ってきた。80年代には通信の自由化やＮＴＴの民営化に端を発するニューメディア・ブームが起き、通信とコンピューターの結び付きや衛星通信も盛んになったが、それらは規制緩和やビジネス論議に終始し、マクルーハンを再度じっくり評価するという動きはほとんど表面化しなかった。

海外でも『メディアの法則』（88年）や『グローバル・ビレッジ』（89年）が相次いで出版され、マクルーハンのやり残した仕事がようやく日の目を見ることとなった。87年にはマクルーハンの４５０通以上にわたる手紙を集めた『書簡集』（Letters of Marshall McLuhan）が出版され、これにはウィンダム・ルイスやピエール・トルドーなどとの親交が詳細に綴られている。

また、89年にはカナダのジャーナリストのフィリップ・マルシャンによる伝記『マーシャル・マクルーハン　メディアとメッセンジャー』（Marshall McLuhan: The Medium and the Messenger）が出版され、マクルーハンの人生や理論形成の背景を知るための資料が揃ってきた。また89年にジョージ・サンダーソンとフランク・マクドナルドが共同編集して出された『マーシャル・マクルーハン　その人とメッセージ』（Marshall McLuhan: The Man and His Message）には、ジョン・ケージ、ルイス・フォースデール、オング、カルキンなどの論文とマクルーハンの書いた、もしくは関係した16本の論文や対談などが収められている。

こうした動きが再度顕著になったのは、90年代になってからだ。93年にアメリカのクリントン政権が「情報スーパーハイウェイ」を情報化の標語とし、その現実の姿をインターネットに求めたことから、コンピューター・ネットワークを中心にしたデジタル・メディアの大きな潮流が社会的に認知されるようになってきた。そしてインターネットは90年から商用利用が可能になり、一気に一般へと普及していった。

情報スーパーハイウェイを標榜するゴア副大統領もマクルーハンを読んでいると思える言葉をスピーチで使い、インターネットの「ネットサーフィン」や「モザイク」という言葉にマクルーハンの著作の影響が色濃く出ているように、マクルーハン的なメタファーでインターネットを論じる人が増えてきた。まさにインターネットこそグローバル・ビレッジそのものだ、という論議も飛び出した。

こうした時代のデジタル・カルチャーを扱う雑誌として米サンフランシスコで93年に出された『ワイアード』は、マクルーハンを守護聖人と宣言しており、毎回マクルーハンの警句を掲載している。96年1月号ではマクルーハンを大々的に取り上げているが、当初この企画は94年に『メディア論』出版30周年に合わせて出される予定で（30周年に合わせてトロントではマクルーハンを偲ぶイベントが開かれ、バリントン・ネビットと弟のモーリスが編集して『Who Was MARSHALL McLUHAN?』という追悼論文集が出された）、ウンベルト・エーコにも原稿依頼をしていたが実現しなかった。

結局この特集では、『ワイアード』の編集者をしていたゲーリー・ウルフが「聖なる愚者マクルーハンの知恵」という解説と、サイバースペースで生きている「マクルーハンと思われる人物」に電子メールでインタビューを試みる2本の記事を書いた。このマクルーハンらしき人物は、インターネットやビル・ゲイツの行く末についての質問にもソツなく答えているが、このインタビューは仮想の「マクルーハン・マシン」とのチューリング・テストであるという落ちが付いている。

この雑誌の発行元のワイアード・ベンチャーは、「ハードワイアード」シリーズとして、『The Medium is the Massage』や『War and Peace in the Global Village』などの著書を再版したりしていたが、会社がコンデ・ナスト社に売却されてからマクルーハン色は薄まり、書籍も出版されなくなった。また、MITプレスから94年には『メディア論』の新版が出され、97年にはテレンス・ゴードンによる伝記『マーシャル・マクルーハン　理解への逃避』(Marshall McLuhan: Escape into Understanding)やグラフィックスを多用した『バックミラーの反射に向かって』(Forward Through the Rearview Mirror)なども出版された。ゴードンはまた『マクルーハン』(McLUHAN FOR BEGGINERS)も出版しており、これはイラストが入ったコンパクトなハンドブックとして、マクルーハンの思想全般を学ぶのに適した一冊だ。

マクルーハンの著書は記述が重複していることが批判されるが、最も不備なのは索引だろう。索引などのリストを活字文化の視覚偏重の典型例としたマクルーハンが意識的に排除したのか、著書には索引が付いておらず丁寧に内容を読もうとすると苦労する(ただし、『グーテンベルクの銀河系』には人名と文献の索引が付けられている)。95年にはボイジャー社から『Understanding McLuhan』(英語版のみ)というCD-ROMが出され、これには『メディア論』や『グーテンベルクの銀河系』が収録され、パソコンで全文検索が可能になっている。マクルーハンの理論のキーワードや、文献リスト、フィリップ・マルシャンの評伝や関係者のコメントも入り、マクルーハンの出演したテレビ番組のビデオ映像やラジオ番組の音声も収録されている。

他にもトム・ウルフが司会をして80年代に作られた、カナダ放送(CBC)が製作した放送

（Marshall McLuhan The Man and His MessageやBrave New Words）のビデオテープなども残っている。また変わったものとしては、67年に『メディアはマッサージである』の朗読レコードや、マクルーハンの警句でゲームができるカード（Distant Early Warning）なども販売されたことがある。93年から94年にかけて、ニューヨーク・シアター・ワークショップで「The Medium」というマクルーハンを題材にしたミュージカルも上演され、主演のトム・ネリスはオビー賞を獲得している。

第3章　グローバル・ビレッジの未来

マスメディアになったインターネット

米国では98年に、人口の5分の1にあたる約5000万人がインターネットを使うようになった。米国の統計ではこの普及率を超えることがマスメディアであるかどうかの基準となるが、インターネットはテレビや新聞と並ぶマスメディアの殿堂入りを果たしたことになる。日本でも利用者が97年には1000万人に達し世帯普及率も10%近くになり、99年には3000万人近くが利用することで、ほぼ同じ率を達成したことになる。

マスを対象とした製品やサービスの利用者がある臨界量に達すると、雪だるま式に普及が加速することはよく知られており、最初の先進的な利用者がそれに続くグループに移行する10%から25%程度の普及率がその基準になるとされる。特に電話やファクスのようにコミュニケーションのツールとなる製品は相手があることで相乗効果が増し、その数の組み合わせだけ利用のチャンスが生まれることで幾何級数的な普及が始まるため、これを「ファクス効果」と呼ぶこともある。

2000年に全世界で2億人を超えた利用者は、世界的なファクス効果やモバイル端末からの利用の急伸で、日本では2013年に1億人を突破し、2017年には全世界で約38億人と世界人口の半分を超えるまでになった。2020年には50億人を超えると予想されており、いまや世界的に不可欠な情報インフラとなった。

インターネットが米国で5000万人に達するのにかかった時間は、一般人がインターネットを簡単に利用できる環境ができてからわずか5年ほどだ。日本でもほぼ同じ期間がかかっている。他のメディアと比較してみると、ラジオが38年、テレビは13年、ケーブルテレビは10年でこの基準に達しており、新しいメディアほど普及は加速する傾向にある。

こうした傾向が生じるのは、そのメディアの持つ魅力ばかりか、それ以前に普及しているメディアによって前提となる環境が整備されていることが大きく作用する。まずインターネットを使う場合に必要となるパソコンは、米国では94年にはすでにテレビを追い抜く出荷台数を達成し、日本でも99年に1000万台を超えることで同じ状況になった。これにはまたインターネットの利用も寄与しており、相乗効果が効果的に働いた例と言えよう。

メディアを正確に評価するには、利用者の数や普及率だけでは不十分だ。特に新しいメディアの利用に関して、いかに社会が受容していくかを検証することも重要だろう。朝日新聞のデータベースでインターネットという言葉の入った記事を検索してみると、80年代には1件しか登場しない。それからずっとブランクがあり、94年に101件、95年が738件、その後は、96年に2503件、97年と98年にはほぼ4000件、99年は約5500件になり、2000年には9000件近い記事が掲載され、毎日30件近いインターネット関連のニュースが出るまでになった。

最初の頃はインターネットを取り上げていたのは、ハウツーを中心にしたパソコン関連の専門誌やトレンド誌だった。それがコンテンツ利用のガイドとなり、その後のIT革命のブームも手伝って、ビジネス誌が毎回のように特集を組み、女性誌や熟年誌などほとんどの雑誌が定期的に取り上げるようになった。

初期の記事では、インターネットは「米国を中心にした学術ネットワーク」として取り上げられ、科学技術や外国の特殊な話題として扱われていた。ところが93年末に出された米国のクリントン政権の「情報スーパーハイウェイ」構想をきっかけに、94年初頭には日本でもNTTの再編論議をふまえた「マルチメディア構想」が発表され、ネットワークのデジタル化とインターネットの話題が頻繁に登場することになる。さらには日本で初のインターネット関連の大型展示会「インターロップ」も開催されることで、インターネットに対する認知度は高まり、ローリング・ストーンズのコンサートのライブ中継や米国の先進的な利用例を扱う記事が急増した。

また95年には、インターネットの普及に驚いたマイクロソフトが、新しいOSとして出すウィンドウズにインターネット接続機能を標準装備し、インターネットに興味を持った一般利用者が殺到することで記事量は飛躍的に伸びた。96年には「インターネット1996ワールドエキスポジション」も開催され、世界各国が共同してネット上にパビリオンを設け、またライブイベントなども同時に行うことで世界的な認知が進み、結果的に国際回線を流れるインターネットのデータ量が電話のデータ量を上回るまでになる。

かつて90年代初頭には、インターネットを説明するのに「ネットワークのネットワーク」という表現がよく用いられた。「インターー」なる言葉は「インターナショナル」などの言葉から連想は付いたが、常に一つの中心があって階層化した組織やシステムに慣れてきた人にとって、明確な中心がなく網目のように広がるネットワークをイメージすることは容易ではなかった。

時代の想像力はまだ冷戦の構図から脱却しておらず、すべてが東と西、北と南、国と個人、上と下といった二元的な関係を中心に構成されていた。インターネットは電話会社に対抗する巨大な国際企業が運営していると考える人もおり、ネットワークが横に手をつないだ共同体的なイメージを持つことは難しかった。

インターという意識は、常に異質な単位が結び付く内的・外的な要因がなくては生まれない。インターネットはそれらを媒介として結び付ける手段として機能したのと同時に、結果的に新たな結び付きを喚起する要因としても働くようになり、幾何級数的に大きくなっていった。現在ではインターネットが情報インフラとして一般化してしまい、インターという言葉は組織や国同士というより、個人や携帯電話などの新しい種類のネットワークとの相互接続を指すようになってきている。

現在のインターネットは、電話や放送の既存のネットワークのインフラとして使われており、いずれは通信と放送の規制や制約を超えたオープンなネットワークのモデルとして、これから出てくるさまざまなデジタル・ネットワークを結ぶものになると考えられている。

こうしてできたインターネットは、当初からグローバル・ビレッジと結び付けられて論じられた。マクルーハンの時代には、この言葉で衛星を使った国際的なテレビのネットワークがイメージされていたが、このネットワークはグローバルではあるものの放送として一方通行のネットワークで、それまでの放送局の番組のレパートリーに海外の番組が付加された程度のものだった。そして、その後に出現したケーブルテレビや電話とテレビを結び付け情報をやりとりするテレテキストなどの、インタラクティブなシステムは想定されていなかった。

ところがインターネットは、グローバルな規模でかつ完全にインタラクティブなシステムで、利用者同士を平等につないでいる上に、利用料金も距離によらず一定だ。ページの所在を示すのに用いられるアドレス（URL：Uniform Resource Locator）によって、世界中のホームページを一つの体系でアクセスできるようになっており、ありとあらゆる情報を共通な言葉でかつ等距離にあるものとして呼び出せ、利用者のいる場所をどこであろうと世界の中心にしてしまう。

まさにマクルーハンが聴覚的世界を形容した「あらゆる場所に中心があり、周縁はどこにもない」という部族的なメディアとして、すべての人類を互いに深く関与させる、名実共にグローバル・ビレッジのイメージに最も近い存在と言えるだろう。

グローバル・ビレッジの夜明け

インターネットはよく知られているように、もともとは米ソの冷戦の産物だった。

米国は第二次大戦で欧州を解放し、原爆やコンピューターの開発で科学技術のトップランナーになることで、世界の覇者としての自信を強めていた。しかし経済的な繁栄を遂げる一方で、50年代にはマッカーシズムの嵐が巻き起こり、共産主義に対する警戒と反発が強まっていた。そのさなかの57年10月4日に、ソ連が初の人工衛星スプートニクを成功させた。人工衛星の打ち上げが可能になったことは、国境や地域を越える射程を持つ大陸間弾道ミサイル（ＩＣＢＭ）の脅威が現実のものとなったことを意味する。

米国は戦後の優位に自信を失い「スプートニク・ショック」なる言葉が叫ばれ、アイゼンハワー大統領指揮のもとで急遽、科学技術の優位を確保するために国防総省による高等研究計画局（ＡＲＰＡ：Advanced Research Projects Agency）が設立され、航空諮問委員会（ＮＡＣＡ）が航空宇宙局（ＮＡＳＡ）に吸収されて本格的な宇宙開発が始まった。その後米ソの核ミサイル開発による軍拡は止まるところを知らず、キューバ危機やベトナム戦争なども起こることで、東西の緊張関係は緩和されることはなかった。

スプートニクの成功はまた、一般人の世界観を大きく揺さぶるものだった。それは星の輝く宇宙への脱出というより、衛星の目で自分たちを見下ろす視点の転換であり、自分たちが実は地球という一つの天体に生きているという実感だった。スプートニクの通った大気圏外の周回軌道はそうした国という単位を一気に超えた地球というイメージを明確にし、一つの天体をリアルタイムで意識させた。映画「ロケットボーイズ」の中では、スプートニクから定期的に発信される電波に聞き惚れる人々や、夜空を流れる衛星の光跡を見ながら、自分たちが国や民族という空間よりもっと大きい何かの一部である、という実感を話し合う人々の姿が描かれている。同様の驚きは、アポロ17号が月からの帰還時にテレビカメラで地球の姿をリアルタイムで送ってきたときにも、より強烈なイメージとして人々の心をマッサージし、「宇宙船地球号」という言葉が地球環境の大切さを象徴する流行語になった。

スプートニクはまさにマクルーハンが言ったように、「地球を周回することによって、地球を芸術作品にした」のだ。宇宙というより大きなスケールの視点が発見された瞬間、地球は古いメディアとなり、人間の住む自然をコンテンツとして意識させ、自然と人間社会の関係を捉えなおすエコロジー運動を喚起することになる。

62年には衛星によって、国際間でリアルタイムのテレビ中継が可能になった。ところが63年11月のリレー衛星による日米初のテレビ中継は、ダラスでケネディ大統領が暗殺されたニュースを流す結果となった。当時の海外のニュース映像はフィルムに記録され、それが放映されるまで週や月の単位での遅れが当たり前だったが、テレビの中継映像は世界でいま起きている出来事をその瞬間にライブで伝えるものだ。この事件は、米国のショックがそのまま日本人を直撃し、日米の心理的な時間・空間的な隔たりが消滅する歴史的な瞬間となった。

こうした世界観の拡張としての外爆発は、一方で体制に反対するカウンター・カルチャーという内爆発も誘発することになる。宇宙開発や世界的なテレビのネットワークが大きなシステムの予定調和的な理想を実現しようとする一方で、ベトナム戦争が泥沼化し、若い世代は戦場へと駆り出された。テレビはベトナム戦争で戦う兵士の映像をリアルタイムで米国の家庭に送り込み、人々は地球の裏で起こっている戦争に深く関与することになる。

若者は大きなシステムに組み込まれることに反発して学生運動を起こし、大人の世代との確執や家庭内暴力が社会問題になる。その一方で彼らは個人の心や生き方により目を向けるようになり、徴兵を拒否し、「パワー・トゥー・ザ・ピープル」を叫び、エレキ・ギターでロックを奏で、ヒッピーになってドロップアウトした。またハーバード大学のティモシー・リアリーはＬＳＤを使うことで精神の解放を求める運動を起こし、これが薬物を使った政治運動やアート運動に発展し、サイケデリックやドラッグ・カルチャーを生み出した。

カウンター・カルチャーを先導していたスチュアート・ブランドの起こした「ホール・アース」（全地球）という運動は、こうした地球規模の意識の高まりを個人の視点から捉えなおそうとするものだった。マクルーハンの理論を支持するブランドは、エコロジーの視点を重視し、自分ですべてをこなす「ドゥー・イット・ユアセルフ」の精神で生きる若者の新しいライフスタイルを、「ホール・アース・カタログ」という形で68年に提案した。ブランドの運動は、80年代にはＷＥＬＬというパソコン通信を通して西海岸を中心にしたオンラインのコミュニティーを形成し、その後も「ハッカー会議」や「サイバーソン」(Cyberthon) という先進的な集まりを通して、90年代のデジタル・カルチャーにまで及んでいく。

初期の大型コンピューターは宇宙開発やミサイルなどの大きなシステムを牽引する体制側の象徴だったが、60年代にカウンター・カルチャーの洗礼を受けた人の中には、それを個人の手に取り戻そうと考えたテッド・ネルソンやスティーブ・ジョブズのような人たちがおり、彼らが70年代にパーソナル・コンピューターを生み出すことになる。

インターネットの前身となるＡＲＰＡネット開発を最初に主導していたＪ・Ｃ・リックライダーは、もともと音響心理学専攻だったが、コンピューターの持つ対話能力に惹かれて、60年には「人間とコンピューターの共生」という論文を発表していた。彼はマクルーハンに似た考えを持っており、テレビとコンピューターが融合して世界中を結び、一般市民が政策決定に関与していける世界を夢に見、コンピューターとネットワークの融合した「インター・ギャラクティック・ネットワーク」というビジョンも発表していた。

リックライダーの発想はグローバル・ビレッジを彷彿とさせ、まさにマクルーハン的なビジョンがインターネットを発想するきっかけとなったとも思えるほどだ。

69年に実験が始まったＡＲＰＡネットは、核攻撃でも生き残れるネットワークとして国家安全保障の基盤となるものだったが、蓋を開けてみると、互いに顔見知りになった研究者のちょっとした挨拶やゴシップを伝えるメールであふれかえっていた。これは、ネットワークの本質が、基本的には人と人の興味をつなぐものであることを示す好例だろう。

しかし、ＡＲＰＡネットの基本デザインが論議される過程では、コンピューター関係者の中にも、遠隔地にある未知のコンピューターがつながることで自分たちの研究が侵食されることに恐怖感を抱く人もおり、そもそも無関係な相手のコンピューターとつなぐ理由を見出せず、ネットワークの利用法を理解できない人も多かった。

ラジオやテレビも、最初はコンテンツよりインフラ作りが先行し、視聴者の支持が得られるまでに時間がかかったが、インターネットもそれと同じ道を辿った。インターネットは国防総省の予算で運営され関係者しか利用できなかったため、80年代になっても、まだ数十万人レベルの利用者しかいない専門家向けの特殊なネットワークだった。

88年の11月に、コーネル大学の大学院生ロバート・モリスが、ネットワークの中を渡り歩いて自己増殖するプログラムを作って、それをインターネットに撒いてしまう。このプログラムは「インターネット・ワーム（尺取り虫）」と呼ばれ、インターネットは増えすぎたワームのせいで機能しなくなった。この事件は『ニューヨーク・タイムズ』の第1面で大きく取り上げられ、一般人が初めてインターネットというものの存在に気付くことになる。

その前年には「ブラック・マンデー」と呼ばれる世界的な株式市場の大暴落が起こり、これがコンピューターのプログラムによる自動的な取引が引き金になったことが指摘され、ネットワークはすでに世界経済のインフラとして強大な力を持っていることが証明されていたが、人々はその意味には気付いていなかった。

85年頃には、ドイツのカオス・コンピューター・クラブの関係者が、KGB関係者からの依頼でインターネットに不正なアクセスを行い、NASAや世界中の研究所からプログラムや機密情報を盗み出し、これがスパイ事件として大きく報じられた。60年代にはコンピューターの可能性をとことん追求したパイオニアがハッカーと呼ばれたが、80年代に入るとパソコンの普及でコンピューターやネットワークに不正にアクセスして、いたずらや破壊工作を行ったり詐欺行為をする人が増えることで、メディアがこうした事件を起こす人をハッカーと呼ぶようになる。

84年にウィリアム・ギブスンが『ニューロマンサー』というSF小説を書き、電子ネットワークの世界を「サイバースペース」と表現したが、現在ではこれがインターネットの作り出す世界を形容する言葉として広く用いられている。またサイバースペースで暗躍するギャングを意味する「サイバーパンク」という言葉も作られ、これがSF小説のジャンルとして定着することになる。

ギブスン自身はコンピューターやネットワークを使えず、アップルのテレビ・コマーシャルをイメージしてこの小説を書いたが、その中でサイバースペースは、未来の暴力的で荒廃した世界として描かれる。このイメージは現在のインターネットと同一ではないが、新しい電子のフロンティアに暴力的要素を見たギブスンは、ある部分の真実を言い当てている。

82年に公開された映画「ウォー・ゲーム」は、パソコンを使って高校生がARPAネットと思われるネットワークに入り込み、核ミサイルをコントロールする巨大コンピューターに勝手にアクセスして遊んでいるうちに、本当の核戦争を引き起こしてしまいそうになる話だ。80年代はまだ、コンピューターやネットワークに対する一般人のイメージは、核戦争やスパイと結び付く暗い影を引きずっており、新しいメディアに対して人々が感じたのは、見えないものに対する恐怖感に近いものだった。

しかし、そうした近寄りがたいイメージを払拭し、インターネットの普及に決定的な役割を果たしたのは、ワールド・ワイド・ウェブ（WWW）と、こうした情報をページ形式で表示できるブラウザーの発明だった。

WWWはいわゆる「ハイパーテキスト」という概念をネットワーク上で実体化したもので、この概念は60年代にテッド・ネルソンが提唱したものだ。彼は「野のユリ」でも有名なラルフ・ネルソン監督の息子で、映画製作にのめり込み映画の編集作業をしているうちに自由に文字情報をリンクすることを考えついたという。人間がいろいろな情報をリファレンスして連想しながらつないでいくことは、古くは本の注釈などでも行われていたことだが、ネルソンはこれをコンピューターで行おうと考えた。

MITのバネバー・ブッシュが提案した「メメックス」は、その原型とも言うべきものだった。マンハッタン計画にも加わったブッシュは、政府の大型プロジェクトのドキュメント管理を行ううちに、マイクロフィルムに記録された大量の論文を互いに参照し、読み進めるままに関連する情報を辿っていけるシステムとしてメメックスを発想した。このアイデアは、結局はマイクロフィルムのような機械式のシステムでは実現できなかったが、ダグラス・エンゲルバートの「NLS」というシステムやネルソンの「ザナドゥー」というハイパーテキストのシステムに引き継がれる。

89年にスイスのジュネーブにある欧州合同原子核研究機構（CERN）で、ティム・バーナーズ＝リーという研究者が、ネットワークにつながったコンピューター内のファイルを自由に関連付けてリンクできるWWWを作り、90年に無料で公開する。彼もブッシュのように研究者として大量の情報を整理する必要にせまられ、複数の人が共同して研究する環境を実現するためにこのソフトを作った。

WWWに収められた情報を、コンピューターの画面に文書のように表示するためのブラウザーを最初に作ったのは、イリノイ大学の国立スーパーコンピューター応用センター（NCSA）で研究をしていた大学生のマーク・アンドリーセンたちだった。「モザイク」と呼ばれるこのソフトは、それまで行単位で表示されていた文書を、活字の種類やスタイルや位置を指定して、画像などとも通常の印刷文書のように表現できる便利なものだった。これが93年にインターネットで無料配布されると爆発的に広まり「インターネット・キラー・アプリケーション」と呼ばれるようになった。

モザイクという言葉はマクルーハンも自著のスタイルを表現するのに使っているが、活字本のようにリニアに順序よく並べられたものではなく、寄木細工のように複数の異種の情報をまとめることができるWWWの構成する情報空間の特性を的確に表現したものだ。そしてモザイクは、それまで専門的なコマンドを使って一行ずつ文字をやりとりしていたインターネットの使い方を、二次元の文書を扱うような直感的なものにし、一般の人がインターネットを簡単に扱えるようにした。

いまやＷＷＷとブラウザーが作り出したホームページの世界は、ＵＲＬによって何兆ページもある一つの本のように扱え、ヤフーなどの検索サービスが目次として情報のありかを教えてくれる、オープンで限りのない世界となった。これはある意味で、インターネット時代のグーテンベルクの活版印刷機にも匹敵する発明だったと言える。

ビクトリア朝のインターネット

インターネットは最先端のテクノロジーを牽引しているが、その基本的なメディアとしての特性は実は19世紀にルーツを求めることができる。トム・スタンダージの『ヴィクトリア朝時代のインターネット』（Victorian Internet：ＮＴＴ出版）は、「19世紀にはテレビも飛行機もコンピューターも宇宙船も抗生物質もクレジットカードも電子レンジも携帯電話もなかったが、インターネットはあった」という書き出しで始まる。ここで言われるインターネットとは、電信のことだ。電信は初の電子ネットワークとしてインターネットやグローバル・ビレッジの始祖でもあり、その歴史をひも解くと、そこでは現在のインターネットとまるで同じようなことが起きていた。

１８３８年に米国のサミュエル・モールスは電信を実用化した。それまで情報は早馬や船で「輸送」されていたが、電信によって情報が「通信」されるようになることで、マクルーハンが言うように、それ以来「メッセージのほうがメッセンジャーより早く届くようになった」のだ。それまで何週間もかかっていた海外からのニュースも、隣の町からのニュースも瞬時に伝わるようになった。人々は電信を「偉大な思想のハイウェイ」と呼び、「時間と空間が消滅した」と感じた。それはインターネットの出現による変化より劇的なもので、まさに通信革命と呼ぶにふさわしいものだった。

しかし、電信は最初からすんなり受け入れられたわけではない。モールスは最初、交付金を得ようとデモ実験を行ったが、議会はこの最新テクノロジーに不信感を露にした。18世紀にはすでにフランクリンやボルタが電気を扱う方法を発見し、19世紀に入るとさまざまな方式の電信が研究されていたが、遠隔地への情報の伝達はまだ動物磁気や迷信と混同されていた。やっとのことで得た交付金を使って、モールスは1844年にはワシントンとボルチモア間に電信線を引いたが、当初は誰も何の役に立つのかを理解できずにいた。

モールスは最初のメッセージに「神はこれまで何をなしたもうたのか」という旧約聖書の言葉を引用したが、次にはすぐに「何かニュースはないのか」と打った。物珍しさで試す人はいたものの、手紙で築かれた世界に生きている人たちには、自分と同じ場所にいない人と話す必要性も理由も見付からなかった。ヘンリー・ソローのように、電信によってくだらないニュースのためのニュースが流れ、言論の質が低下するのを危惧する声も上がった。ここでも、新しいメディアは手紙や本などのそれ以前の古いメッセージを模倣し、当初は利用法が分からないままにインフラ作りが先行することになる。

電信の効用が初めて大きく注目されるようになったのは、ボルチモアで開かれた民主党の大会で、第11代大統領候補にジェイムズ・ポークが指名されたことがワシントンに正確に伝えられたことがきっかけだった。電信線は当初鉄道などに沿って引かれたが、一度認知されるとその普及はあっという間で、30年間に敷設された電信線は65万マイルの長さに達し、海底ケーブルも3万マイルに及んだ。これはインターネットの商用化の初期に、鉄道が光ファイバーを敷いて通信事業に進出したこととも似ている。

電信はすぐさまビジネスに使われるようになり、銀行が資金伝送に使い、相場取引の情報が流れるようになった。駅と電信が結び付くことでシアーズのような通販事業が始まる。情報を秘匿したり短い言葉にして通信料金を節約したりしようと暗号が使われ、それを傍受して解読するハッカーも出現する。電信会社が料金節約に対抗して意味のない言葉を送ることを禁止すると、それに対抗して新しい暗号が考案された。

また競馬の結果を遠隔地でいち早く入手して詐欺を働いたり、嘘の情報を流して相場で儲けたりする者も出てくる。電信でオンライン・チェスを指す人がいたり、結婚式を行うカップルが出現したりし、オンライン恋愛を題材にした小説まで書かれる。まさにインターネットで話題になっているような出来事が、電信の初期から起きていた。

1853年に勃発したクリミア戦争では、前線の兵士が本国から即座に指示されることに面食らい、『タイムズ』紙が電信で送った生々しい悲惨な医療の現状に心を動かされたナイチンゲールは戦地に向かった。1861年の南北戦争は電信と鉄道によって戦われた戦争だと言われ、1870年の普仏戦争は、外交官が電信のもたらす情報に過敏に反応しすぎたため起きたとも言われる。

外交や政治の分野では電信は役立ったものの、それまでの時間・空間的なスケールが変わることによって、多くの混乱も生じた。電信が不必要な情報を多量に流し平和を乱すという考え方と、これが各国の対話を助けて世界平和につながるとする意見も出された。ロシアのニコライ1世のように、電信によって帝国の秩序が破壊されると感じ、電信の導入を拒否する指導者も出てきた。

電信の出現によって、それまでの活字メディアは大きな影響を蒙(こうむ)る。それまで週や月単位で発行されていた新聞は、高速印刷機の出現も手伝って、日々起こっている世界のニュースを扱うようになる。新聞はすぐに共同してAPのような通信社を作り、国際ニュースを常に扱える体制を作る。長文の原稿を送ることは高価で無理があったため、電信による記事は、短文で結論から先に書かれる現在の逆三角形のスタイルになった。

マクルーハンが「本というのは、一つの『見解』を提供する私的告白の形態であるが、新聞は公共の参加をうながす集団的告白だ」と言うように、個人の視点で理路整然と展開される本とは違い、新聞のページには脈絡のない雑多な記事によるモザイクが形成され、物語より情報を重視した書き方をされるようになる。本は結果のみを示すが、新聞は人々を事件や政策決定のプロセスに関与させる。悲惨なニュースは読む人に自分が生き残った感覚を与え、それと同じページにある広告は良いニュースとして読者に幸せのイメージを売る。電信と新聞は、すでにインターネットとホームページのような関係にあった。

さらに電話や無線電信が発明されることで、電信の開いた電子メディアによるグローバル・ビレッジはもっと多くの人に実感されるようになる。人々は世界の裏側のニュースと日々接し、遠隔地で起きた事件を同時に体験する感覚を持ち、ポール・クローデルが新聞の与える感覚を「全体性を持った現在」と表現し、ジェイムズ・ジョイスは『ユリシーズ』を新聞記事のようなスタイルで書く。

19世紀のビクトリア朝の電子メディアは、グーテンベルクが開いた活字の宇宙を光の速度で拡張するようになり、印刷された情報の運搬が支配していた社会の時間や空間の限界を一気に打破した。

産業革命によるエネルギー革命が電子メディアと結び付くことで、人間の意識は世界規模にまで拡張され、海外旅行が始まりトーマス・クックの旅行代理店が作られ、ロンドンの万国博覧会には世界各国の物品が並べられ、百貨店が世界中の物産を扱うようになる。それと並行してアジアやアフリカなどの遠い国の植民地支配が活発になり、各国は国民国家を形成する。また世界標準時が作られ、人々は時刻を合わせてビジネスや日々のスケジュールをこなすようになり、それまでにない速度が生活のテンポを変えてストレスを高め、キルケゴールは『不安の概念』を書く。ダーウィンは『種の起源』で神のいない人間の世界を描き、すでにルネッサンス的な活字文化は崩壊し始めていた。

グローバル・ビレッジの行方

19世紀に電信から始まった電子メディアは、電話、無線電信、ラジオ、テレビへと続き、ついにはコンピューターの発明によってインターネットというグローバル・ビレッジを実感させる電子ネットワークへと進化した。インターネットの生み出すこれからのグローバル・ビレッジの姿を正確に予想することは難しいが、このメディア固有のダイナミズムを探究することで、これからのメディアの方向性とわれわれの現在を理解する手掛かりが得られるだろう。

市民と遊牧民

マクルーハンは、活字印刷と電子メディアの特性を著書の各所で比較対比させており、その中からインターネットにも共通する要素を抽出することは可能だ。94年にMITプレスから出された『メディア論』の新版では、『ハーパーズ・マガジン』の編集者ルイス・ラップハムがイントロダクションを書き、その中でマクルーハンの著書から抽出したキーワードを列挙している。電子メディアの項で示される言葉は、実際のインターネットにもよく当てはまる。

この分類の基本にあるのは、人間が「視覚」(目)と「触覚」(耳)のどちらの感覚を中心に働かせるかという違いだ。マクルーハンは文字以前の聴覚が中心の世界が、電子メディアによって再び回復すると考えていたが、触覚はすべての感覚の基本にある「共通感覚」と考えていいだろう。つまり電子メディアは、視覚に偏ったバランスを、触覚に象徴される五感全体を使うモードへと取り戻すと考えられる。その他の言葉はこの感覚を基に文字以前の世界を想像することで連想できるが、それらを個別にテレビやインターネットに当てはめてみると、その意味がよりはっきりしてくる。

本に印刷された情報は、あらかじめページごとに「列」を成して「機械的」に「連続」して並べられ、「構図」や「構文」のはっきりした形で提示される。本はリニアに順にページをめくる形になっており、一度出版されると次の版まで文字は訂正できないので、その内容は吟味されて校閲され「完全」を期して固定される。

それと比較して、ホームページやテレビの情報はもっと柔軟性があり、いま現在起こっていることから過去のものまでを、「同時」に「有機的」で「不連続」な形で「即興」的に「モザイク」状に提示する。ホームページやテレビは、事件やイベントなどのリアルタイムで起きている情報に対応して、脈絡の分からない情報を関連付けようとしながら流れていくが、本のように決定版はなく常に変化している。

本には完全に分類された個人の視点からの「独白」が書かれ、読者は一方的な情報を読むだけだが、ホームページの情報は「不完全」なままで掲載され、いろいろな「パターン」が「合唱」のように「同時」に響いてきて、情報に反応しながらインタラクティブに利用できる。

活字印刷	電子メディア
視覚的 visual	触覚的 tactile
機械的 mechanical	有機的 organic
列 sequence	同時 simultaneity
構図 composition	即興 improvisation
目 eye	耳 ear
活動的 active	反応的 reactive
拡張 expansion	構成 construction
完全 complete	不完全 incomplete
独白 soliloquy	合唱 chorus
分類 classification	パターン認識 pattern recognition
中心 center	縁 margin
連続 continuous	不連続 discontinuous
構文 syntax	モザイク mosaic
自己表現 self-expression	集団療法 group therapy
活字人間 typographic man	図像人間 graphic man

活字と電子メディアの特性を対比するマクルーハンの言葉

本を基本に置いた社会はあらかじめ決められた法律や規則が優先し、電子メディアが普及した社会は流動的で複雑系のようなノンリニアな性格を持つ。現在の社会は昔のように一人のカリスマが中心にいてずっと支配する体制はほとんど存在せず、複数の分野の中心的人物がそれぞれの時点で世の中のトレンドを引っ張り、一つの中心が固定しているのではなく政権やトレンドも流動的で、それまで実体の見えなかった周辺がいつの間にか中心になっている。

この対比を当てはめてみると、まさにインターネットの作る世界は聴覚・触覚的な時代の特徴をそのまま受け継いでいることが分かるだろう。

またラップハムは、それぞれの時代に特有な人間像を「市民」と「遊牧民」とし、両者のスタイルを形容する言葉を対比させている。

個人の生活や市場のトレンドを見ていても、これまでの社会の基本にあった「権威」「意志」「成就」といった倫理的規範は、現在ではもっと伝統的でない、「力」「願い」「名声」という、パフォーマンス的な要素に置き換えられていることは納得できるだろう。官庁や大企業を中心にしたエリート主義は、スキャンダルやシステムの疲弊による破綻で崩壊し、いまでは学歴や権威と関係ないところから実力で名声を勝ち得る人や、ベンチャー企業などで働く人が増えている傾向はそれを如実に物語っている。

「幸福」や「平和」「文明」というこれまでの固定的な価値観は、制度や権威で守られる社会にはふさわしかったが、流動性が高まり先行きのはっきりしない社会では、一時的な「喜び」のほうが優先し、企業や家庭などのさまざまな場面で「戦争」や「野蛮」ともいえる暴力的な行為が発生する。最近の若年化する未成年者の犯罪や家庭内暴力の増加には、電子メディアを基本にした社会に特有な要素が影響していないとは言えないだろう。

マクルーハンは個人的には電子メディアの実現する社会をかなり楽天的に賛美していたが、晩年はテレビの暴力シーンの増加や、電子化されたイメージが一人歩きして自己増殖する弊害などに心を悩ませていた。

しかし彼の論の主眼は価値判断というより、社会や個人に影響を与えるメディア環境の特性を正確に把握するところにあった。その時代を規定するメディアは、それまでのメディアの欠点を補いつつ、人間の感覚やメディア同士の力関係のバランスを変化させる。彼にとってそれは善悪というよりトレードオフであり、その変化の総体を把握する視点に立つことこそが、人間とその拡張であるメディアを理解する方法で、理解こそが彼を自由にする唯一の手段だったのだ。

活版印刷と電子メディアの対比に見られるように、メディア相互の関係はただの偶発的で個別なものではなく、それぞれが歴史的な関連も持つ。マクルーハンは晩年に、それまでの活動を集大成した上で、メディア全体が相互に持つ歴史的なダイナミズムを定式化し、メディアの輪廻転生を俯瞰する理論を構築しようとしていた。

市民	遊牧民
建てる build	さまよう wander
経験 experience	無邪気 innocence
権威 authority	力 power
幸福 happiness	喜び pleasure
文学 literature	ジャーナリズム journalism
異性 heterosexual	同質異体 polymorphous
文明 civilization	野蛮 barbarism
意志 will	願い wish
情熱的真実 truth as passion	真実の情熱 passion as truth
平和 peace	戦争 war
成就 achievement	名声 celebrity
科学 science	魔法 magic
疑念 doubt	確実性 certainty
ドラマ drama	ポルノ pornography
歴史 history	伝説 legend
論議 argument	暴力 violence
妻 wife	娼婦 whore
芸術 art	夢 dream
農業 agriculture	山賊行為 banditry
政治 politics	お告げ prophecy

活字と電子メディア時代のスタイルを示すマクルーハンの言葉

その試みは彼の死によって中断されたが、共著者によって出された88年の『メディアの法則』と88年の『グローバル・ビレッジ』には、そのアイデアが生かされている。これらの本には、テレビ以降のメディアに対する記述も含まれ、マクルーハンが電子メディアの将来についてどう考えていたかがうかがい知れる。

メディアの法則

70年代に『メディア論』の改訂版を依頼されたマクルーハンは、この本に対する反論や批判を整理し、コンピューター、ビデオ、ケーブルテレビなどの新しいメディアもカバーしようと、長男のエリックと作業を開始した。そして、メディアに共通する特性をさらに大きな枠組みの中で捉えようと、その表現方法について論じ合った。

そしてカール・ポパーの『客観的知識』の中の「科学の仮説は間違うことができる」という言葉に出合い、メディアを理解する際にその評価の成否を検証したり反証したりできる論理の探究に乗り出した。そしてメディアのライフサイクルを表現する言葉を抽出し、これらを使った「メディアの法則」を発案して、ありとあらゆるものを分析してみた。

メディアの法則の基本にあるのは4種類の言葉で、その全体は「テトラッド」と呼ばれた。それを構成する言葉とは、拡張（extention）／拡充（amplification）、衰退（obsolescence）／閉鎖（closure）、回復（retrieval）、反転（reversal）で、あるメディアが人間の社会生活にどんな影響を及ぼすかを表現するものだ。

まず、あるメディアはその特性によって、何かを拡張したり拡充したりする。例えばテレビは視覚に訴えることで、人間の視覚を強化し拡張する道具となる。また、新しいメディアの出現によって、直前にメジャーだったメディアは衰退したり閉鎖されたりする。つまり、テレビによってラジオは衰退する。そして、ラジオが衰退したおかげで、ラジオの出現によって衰退していた印刷物の視覚性が回復される。テレビは進化してその可能性を実現し尽くすと、ついにはコンピューターやインターネットの画面中の一部へと反転していく。反転以外の作用はほぼ同時に起こり、変化は一意に定まるわけではない。テレビは映画も衰退させるし、部分的にはビデオにも反転していくという点で多義的だ。

あるメディアはこの4つの過程を経過しながら、次のメディアへとつながっていく。マクルーハンは、4という数に拘ったが、これはアリストテレスの「四元素」説やブレイクの「四重の人間」を連想させる。この論理はある意味で、弁証法の三段論法のアンチテーゼ（反定立）に、以前のものを回復するという歴史的視点を加えて拡張したものとも言える。テトラッドは過去のメディアを回復し、未来にそのメディアが他のメディアに反転していくという歴史的なダイナミズムを含んでおり、一つのメディアの閉じたライフサイクルというより、次のメディアのテトラッドにつながって発展していく螺旋状の構造を持った論理でもある。

活字印刷についてのテトラッドを作ってマクルーハンの言葉を当てはめるなら、これは作者としての個人を（著作権などで）拡張し、写本などの文化を衰退させ、目と耳を分離させて聴覚的世界の力を弱め、方言などの言語のブレを減少させ、免罪符を発行するような特権グループの力を回復し、い

A［拡張］
多様なメディアでの
グローバルで迅速な伝達

D［反転］
専門主義の終焉
プログラム化された地球

C［回復］
バベルの塔
エーテルを伝わるグループの声

B［衰退］
リアルタイムで
情報をコード化・デコード化する能力

『グローバル・ビレッジ』で論じられる「グローバル・メディア・ネットワーキング」のテトラッド

ずれはそれが電子メディアへと反転していく、という形で定式化できる。

それでは電子メディアの個別の例について、テトラッドがどう応用できるのかいくつかの解釈を見てみよう。

ポール・レヴィンソンの『デジタル・マクルーハン』では、例えばラジオは人間の声を拡張して遠方まで届くようにするが、それまでの印刷物の役割を衰退させる。そして印刷物によって衰退していた声による村の触れ役を回復し、その発達の頂点でテレビへと反転していく。テレビは目の拡張であるが、それがどこにでもあることで音のような存在となり聴覚的なモードで視覚を拡張するとされる。そしてラジオを衰退させ、ラジオが衰退させた印刷物を視覚的に回復し、ついにはコンピューターの画面の一部に反転していく。

『メディアの法則』では、テレビは目を手や耳のようにマルチに使えるように拡張し、ラジオばかりか映画や視点というものを衰退させ、オカルトを回復し、インナートリップに反転していく、という分析がなされている。

『グローバル・ビレッジ』では、ラジオとテレビを一緒にして、これらが地球全体への同時アクセスを拡張し、電話線やケーブル、物理的身体を衰退させ、部族的なエコロジー的環境を回復し、ついには「グローバル・ビレッジ劇場」に反転していくとされる。このグローバル・ビレッジ劇場とは、オーソン・ウェルズのラジオ・ドラマ「火星からの襲撃」（宇宙戦争）で人々がパニックに陥ったように、観客のいない、誰もが役者として関与してしまうドラマを指す。オリンピックやワールドカップのテレビ中継や、ＣＮＮで流された湾岸戦争の映像などは、まるで世界中を巻き込んだドラマで、そこでは誰も距離を置いて無関係な顔をしていられなくなる。

インターネットで流されたクリントン前大統領のセックス・スキャンダルの報告書や火星探査機マーズ・パスファインダーからの映像に世界からアクセスが殺到した事実を考えると、インターネット時代にはこうした傾向はより強化されるのではないかと思える。

インターネットの未来とグローバル・ビレッジ

テトラッドは厳密なものではなく多義的な解釈を許すため、論理的な結論は導けないかもしれないが、インターネットやその先にあるメディアの特性や問題点を展望するために、この枠組みを使って現状や可能性を整理してみることも有効だろう。

マクルーハンを論じるネットのグループなどではテトラッドをさまざまなメディアに適用する論議がなされており、インターネットはコミュニケーションを拡張し、国家による支配を衰退させ、中世の時間や空間を超越する思想を回復させ、犯罪へと反転する。もしくは、組織や会社を拡張し、民主主義政府を衰退させ、封建的システムを回復し、反乱へと反転するなどといった意見が出されている。

インターネットは個人の新しい情報発信ツールとなり、電子メールやホームページはコミュニケーション能力を高めており、電子コマースによって企業のビジネス手法を変え、ヤフーやアマゾンのようなベンチャー企業をあっという間に世界有数の企業にまで成長させたことは、周知の事実だろう。

また個人や企業の力を高める一方で、国家や政府の支配を弱め、ＮＧＯやＮＰＯなどの活動が活発化している。そしてそれ以前の電子メディアを衰退させるのと同時に、それらをコンテンツとして包含し、インターネット・ラジオやテレビ、インターネット電話も開始され、デジタル放送の開始によって放送とインターネットの融合はさらに深まっていくだろう。

そしてインターネットは、活字文化によって抑圧されてきた中世以前の聴覚的世界を回復して、そこでは部族的で遊牧民的なルールが支配し、それが社会や文化に影響を与えている。これらの影響については、ラップハムの分類の項でも述べた。情報化が進み現代人の悩みやストレスが高まるにつれ、これを癒やすカルト的な宗教が流行し、超常現象などに対する注目が高まるのも、こうした傾向と無縁ではないだろう。

インターネットがこれから何に反転するのかに関しては、犯罪や反乱というカオス的な状況を予想する声が多いが、それについては時間が経ってインターネットの持つ可能性が極限にまで開花しないと分からない。そこで、現在のインターネットの少し先に見える電子ネットワークの世界から、インターネットの今後の方向性を検証してみよう。

■著作権の終焉

近年のインターネットの変化中、第1章でも述べたナップスターやグヌーテラの与えた衝撃は大きかった。これらのソフトは著作権を主張する業界から「悪魔のソフト」とも呼ばれたものの、もともとは著作権を崩壊させるために作られたのではなく、分散システムとして広い範囲に存在する情報を自由に交換するために、インターネットの本来的な利用法を実体化したものにすぎない。

ある情報を探し出そうとするとき、知っていそうな人に聞き、その人が知らなければ知っていそうな人を紹介してもらいつないでいくと、6人程度に聞くうちに求める情報に行き当たることが米心理学者スタンレー・ミルグラムの実験から分かり、「6次の隔たり」や「スモール・ワールド現象」とも呼ばれている。グヌーテラはインターネットを使って、グローバル・ビレッジでの壮大な伝言ゲームを可能にすることで、サイバースペースによる新しい情報探索と知の共有システムのモデルを実現したとも言える。

もちろん、こうすることの短所もある。一カ所で情報を管理していないので、情報探索に時間がかかって効率が悪かったり、トラブルや障害に対しての対策が難しくなったり、匿名性のあるアナーキーなネットワークを作れることも批判されている。

流通する情報を暗号化して管理できる機構を採用し、著作権の所有者に使用料を払った利用者のみが使えるシステムを作れば、著作権ビジネスを損なうことはないが、グヌーテラのように管理ができないシステムでは実現はなかなか難しいだろう。マスメディアのような広告スポンサー方式や、フリーソフトなどの利用者の意志とモラルで知的財産に対する敬意を払えるシステムの確立が望まれる。

ナップスターやグヌーテラは、仲間（peer）同士が直接相手を探して取引を行うという意味で、P to P（P2P）という使い方に分類される。P2Pの考え方は古くからあったが、その実用化は、WWWやブラウザーの発明に匹敵するインパクトを持つと評価する声も聞かれる。今後のインターネットによる情報流通は、最小単位のP2Pから始まり、B2B（企業間）までのさまざまな形態が同居することとなり、ビジネスの形態が個別のシステムに一対一に対応して固定してしまうということはないだろう。そして、インターネットはあらゆる種類の情報を平準化したデジタル情報を流通させる共通基盤として、新しいビジネス・インフラとしての役割を果たすだろう。

グヌーテラの開発者の代表を務めるジーン・カンは、「グヌーテラはネットワークの使い方を逆転し、インターネットをポトラック・パーティー（持ち寄りパーティー）の場に変えた」と言っているが、まさにこうしたネットワークの使い方はコンテンツを持つ者が持たない者に一方的に売りつけるという従来の構図を壊し、世界レベルの物物交換市場を出現させる。そこでは、全員が何かを発信することが求められ、人の数だけコンテンツがあってサイズに依存せずに自由に情報を流通できる。

こうした時代に、著作権はどのような運命を辿るのだろうか。もともと著作権を指すコピーライトは、版権、つまりコピーを作る権利を指していた（これはアングロサクソン系の論理で、ラテン系では、作家の人格権が優先される）。著作権の問題は、活版印刷の例でも分かるように、コピーのためのテクノロジーが発明されるごとに大きく揺れてきた。

ゼロックスなどのコピー機の出現は出版業界に衝撃を与えたし、音楽の場合はテープレコーダーが、映像の場合はビデオレコーダーの出現が問題となり、業界から猛反発を受けた。これらアナログ方式のコピー装置は、オリジナルの品質より低い品質のコピーしか作れず、また製作コストもオリジナルの販売単価を上回る場合がほとんどで、流通ルートに乗せることはできず、結局は私的な利用に関してはコピーが認められることになった。

しかしデジタル方式のコピー装置は、データとしてはオリジナルと同じ品質のコピーを作ることができる。音楽業界では80年代にデジタル・オーディオ・テープ（ＤＡＴ）の出現でコピーを無限に作れないようガードをかけることが行われたが、業界は混乱し市場も買い控えに走り、結局このメディアは離陸することができなかった。

インターネットという新しいコピーと流通のインフラが出現することで、従来のパッケージ型のメディアで通用していた論理はその前提を揺さぶられ、著作権はその前提から考えなおさなくてはならないところまできている。デジタル化したデータにはコンテンツＩＤなどを振り、著作権を厳密に適用して個々に使用料を徴収するシステムも考えられるが、こうしたシステムをすり抜けた海賊行為は後を絶たないだろう。

使用料の徴収や不正利用防止のためのコストがかかれば、それが使用料の高騰につながって利用者のインセンティブをそぐ結果になり、結局はそれが販売実績に影響する。著作権ビジネスは理念の問題もさることながら、経済的なトレードオフが最終的な決定を左右するという論議もされており、デジタル時代にふさわしいシステムを考える必要がある。

またコピーライトの持つ提供者側の論理は批判され、著作権を放棄する「コピーレフト」を主張する論議もあり、90年代にはハッカーやデジタル文化のコミュニティーで盛んに主張された。

グヌーテラを開発したジーン・カンは、米国建国の父の一人で、著作権に反対の立場を取っていた第3代大統領トーマス・ジェファーソンの、「アイデアはロウソクのようなものだ」という言葉を引用している。他人のロウソクを自分のロウソクで灯してあげることは、アイデアを他人に伝えることに相当するが、火をライセンスして使用料を取る人はいない。

アイデアという無体物を物の論理で縛ることはできないが、それを表現した著作物はこれまで物としての性格を色濃く持っていたため、その公開が出版や流通のビジネスの論理で運用されてきた。しかし、インターネットでアイデアを物を媒介とせずに流通させることが可能になった現在、アイデアを交換するための新しいルール作りが必要になる。

ネットワーク経済が、ニューエコノミーで唱えられる収穫逓増（ポジティブ・フィードバック）的なメカニズムで富める者がますます富み、一人勝ちの構図を作ることに何らかの歯止めが必要だとされる一方で、マイクロソフトのウィンドウズに対抗するLinuxなどのオープン・ソースのソフトが注目され、多くの既存のパッケージソフトも、無料化してその後のアップデートやサービスでビジネスを継続する戦略に転換している。

このコピーレフトのコミュニティーは、ＯＳのソース・コードを公開してコピーフリーにして、インターネットのコミュニティーで自由に改良を行い、この知的財産を共有していこうとするものだ。Linux自体はタダだが、これを特定のシステムに移植したりサポートしたりするなどの周辺業務で、実際のビジネスも可能だ。特定の企業が独占して開発するより、世界中のボランティアの知恵を集めたほうが、より迅速に完成度の高いソフトウエアを経済的に開発でき、今後の情報ビジネスやアイデア共有の新しいモデルとなるだろう。

■デジタル化されない残余

アマゾンは、１９９５年にサービスを開始した当初は、他の通販サイトと大きな違いはなかったが、他に先駆けて書籍販売に特化し、顧客サービスや安売りを徹底して、オンライン書店としてのブランドを確立した。ビジネスが大きくなるにつれ、書籍流通のための設備投資やマーケティング費用がかさんでなかなか赤字を解消できなかったが、次第に音楽ソフトや家電、日用雑貨や生鮮食料品にまで手を広げ、2015年には通年で黒字に転じ、2018年にはフォーブスの世界長者番付でジェフ・ベゾスCEOが保有資産1120億ドルでトップに輝いた。

当初から、早めにブランドを確立したことで、何百万人という顧客の個人情報を収集した実績が評価されていた。当時は顧客の情報を収集するには、一人あたり1000ドルの経費がかかると言われたが、膨大な顧客のデータベースを使って「顧客に本を探させるのではなく、本に顧客を探させる」ことを可能にしたアマゾンは、顧客のリコメンドシステムを武器に成長を続け、世界で3億人以上の利用者を獲得して、現在の時価総額は7000億ドルを超えるまでに成長した。

こうした高い株価を使えば株式交換によって企業買収が行え、赤字の会社であってもビジネスを拡大できる。しかし、これは未来の不確定な利益に対する繰り越し効果であって、株式市場が暴落したりして資金の流れが止まれば一気に破綻する危険性もある。電子ネットワークの社会では、デリバティブのような未来のシミュレーションを元にしたビジネスが一般化し、現在は未来のコンテンツと化す。これは不動産や過去の資産をコンテンツとして現在に利益を回収するモデルと大きく違う。

それが行きすぎれば、ビジネスはギャンブルやマネーゲームに限りなく近くなり、実体のない数字だけが行き交う世界になってしまう。物財よりも情報価値を中心にした商品は、定価より取引する両者の関係やタイミングで価値を変化させ、個人間でも投機やオークションのような取引が行われる可能性が出てきた。また従来の通貨や実体経済と一線を画した地域通貨のように、物財以外のボランティア・チケットのような利潤を追求しない価値を含むサービスの交換体系も試行されており、さらには仮想通貨の登場で貨幣は信用という形態に純化していっている。

仮想通貨で注目されるブロックチェーンは取引情報をP2Pで管理して、価格や信用情報を交換して、中央銀行など中心を持たないネットワークで運用するもので、こういうテクノロジーが普及すれば、現在の通貨や経済のあり方、さらには社会システム全体が大きな変貌を遂げることになるだろう。

情報商品の比率は高まりつつあり、いずれは商品の注文から消費までが完全にデジタル世界で完結することも考えられるが、まだ人間の世界は物質的なものから完全に脱却はしていない。アマゾンは、ビデオ、DVDのレンタルや販売、はたまた生活日用品や食料品販売にも進出しており、個人の生活をワン・クリックですべて扱うポータル・サイトとして、コンビニやコーヒーショップと組んで、レンタル商品や本やピザの受け渡しまでを行うというネットワークを作っている。アマゾンの究極のサービスは、インターネットで注文すれば、どんなものでも一定時間内に届けてくれる、「魔法のランプ」のようなサービスだろう。

消費者側から見れば、インターネットは自分を中心にした宇宙を形作っており、有限な時間と資金やエネルギーの範囲では、より時間を圧縮して情報へのアクセスを簡素化してくれるサービスが望ましい。しかし、いずれ音声や画像以外に身体感覚をインターネットで伝え合う装置が開発されるとしても、人間のデジタル情報では扱えない部分は残り続ける。

バーチャル・セックスや嗅覚や触覚、味覚を伝える装置まで飛躍する前に、情報を受け渡しするインターフェースを作ろうとする動きがある。

1997年にボストンで創業したEインク社は、「イメディア」と呼ばれるシート状のディスプレイ（電子ペーパー）を実用化した。これはシートに並んだマイクロカプセルに入った白いツブを電極で引き寄せる方式で、コンピューターのディスプレイのように電圧を加えれば、紙に印刷されたように文字や画像や動画まで表示できる。一度情報を書き込めばそのイメージはそのまま保持されるので、本の形態に綴じたこのディスプレイに情報をダウンロードすれば、一冊の本の形をした装置がありとあらゆる作品を読むことに使える。

コンピューターのディスプレイを応用した電子ブックは、結局はかさばって重く、電源を確保する煩わしさがあり普及しなかったが、電子ペーパーのように紙と同じようなサイズでスイッチを入れなくても常に情報が表示され、本のようにどこにでも持ち運べて何度でも再利用ができるディスプレイは、紙と同じ手軽さで誰でもが使え、森林資源の保護にも寄与できる。２００７年にはアマゾンの電子書籍端末キンドルに採用され、各社からもいろいろなモデルが売り出されたが、まだ従来の書籍を超えるほど普及はしていない。

本は持ち運びにも便利な優れたフォーマットで読みやすく、装丁の美しさを楽しんだり、ページが汚れていればそこが多く参照されていることが分かるなど、デジタルでない部分の情報が多くの役割を果たしている。電子ペーパーによる本は、究極の本になるかもしれないが、いつも手にすればそこに同じ情報があるという物質的な安心感は保証されなくなる。しかし今後はデジタル家電ばかりでなく、一般の電子機器も、これまでの日用品の道具の良さを取り入れたものになっていくだろう。

人間の意識はサイバースペースに未来を見ているかもしれないが、実際のほとんどの時間を物質界に生きている。どんなにたくさんのホームページが充実したとしても、それだけを相手に生活はできないし、物質界の多様性と複雑さはサイバースペースをまだ大きく凌駕している。

結局インターネットによって回復されるのは、マクルーハンが言う中世的な五感のバランスということに象徴される身体性の再認識だろう。ハンス・モラベックは、遠い未来に物質界とサイバースペースの比率が逆転し、サイバースペースで起きた難問を物質界再発見によって解決するSF小説を書いているが、われわれがそこに至るまでにはまだ長い時間がかかりそうだ。

■プライバシーの終焉

ゼロックスのPARCでは、80年代からユビキタス・コンピューティングという、生活環境のコンピューター化を構想し、タブレット、ノート、壁型という3種類のサイズのコンピューターがどこにでもあり、これらが有機的にネットワークで結ばれた環境を作って実験を行っていた。ユビキタスとは遍在するという意味で、どこにでも置いてあるコンピューターを手に取ると、それが利用者の情報を入手してその人向けのパーソナルな端末になり、環境内にあるコンピューターが連携して動く。例えば会議で壁型のコンピューターで表示された情報が、手元のノート型のコンピューターにそのまま表示されたりする仕組みになっている。

ユビキタスを拡張すると、家具や家屋をコンピューターでインテリジェント化するという方法にもつながる。インターネットの次世代プロトコルIPv6は、10の38乗というとてつもなく多数のアドレス（人類一人あたり10の28乗程度、地球表面の1平方センチあたり10の20乗程度）を振ることが可能で、コンピューター以外にも、車や家屋、あらゆる商品、日用品や臓器まで、ありとあらゆるものにアドレスを付けて、すべての事物をインターネットに接続しようとするＩｏＴが可能になる。そうなれば、インターネットによる第2の人工自然環境さえ考えられるようになる。

環境のインテリジェント化は広い空間を対象とするが、そこに暮らす人間を中心に考えると、衣服をインテリジェント化するという発想もありうる。すでにＭＩＴやＮＡＳＡでは90年代から、「ウェアラブル・コンピューター」という着られるコンピューターを発想しており、それに向けた開発も世界各地で行われている。ウェアラブル・コンピューターは、腕時計や靴や帽子などに組み込むことができるが、紙型のディスプレイと一緒に服の生地のようなコンピューターを開発すれば、文字通り着られるコンピューターとなる。

ＭＩＴで97年に行われたウェアラブル・コンピューターのファッション・ショーでは、21世紀初頭のウェアラブル環境を想定したさまざまな試作品が披露された。服地にカメラが付いて自動的に周囲を監視できるガードマンのスーツや、レーダーやナビゲーション・システムを装備した探検家の服や、外出中の子どもの安全を確保する服など、いろいろな応用が、それによって変わるライフスタイルのストーリーと共に紹介された。

これらは、ＰＤＡや携帯電話の機能を基本的に持っており、色や形状が変化するインテリジェント生地でできた服はさまざまなスタイルに変身できるし、ライフサポートの機能を持てば、いろいろな気候にも対応でき人間の活動範囲を広げられる。ウェアラブル・コンピューターでしか実現しにくい機能として、健康管理やセキュリティーという個人や身体に密着した必要不可欠なものへの応用が重要となろう。

ウェアラブル・コンピューターは、これまでの左脳的な意識を外に拡張するコンピューターというより、人間の内面や身体に密着した右脳的な感情や無意識を扱うものになるだろう。その人の感情や情動によって変化する服は、問題解決型のコンピューターというより、新しく人間関係を作るコミュニケーションのツールとなるはずだ。またライフサポート機能を強化すれば、病人や身体に障害がある人の日常行動範囲を広げることにも役に立つ。

ウェアラブルな環境で使われるコンピューターは、身体と共に移動することから、その位置や、誰が使っているかなどの情報が必要になる。街の地図と一体となり、道を教えてくれ、近くのビルに来ればビルの中の店舗や設備がメガネに表示されるウェアラブル・コンピューターも考えられるが、逆に使っている人のプライバシーやセキュリティーのための情報が外からアクセスされる可能性も出てくる。

ウェアラブルを含め、すべてのものがインターネットでアドレス可能になっていく世界では、個人の存在はどう位置付けられるのだろうか？　ウェアラブル・コンピューターを最初に発想したスティーブ・マンは、こうした時代にプライバシーを確保するのは難しいと考える。ビデオカメラで常に自分の生活を記録できる服は、見るということと記憶するという行為の境目をなくし、サイバースペースとリアルスペースの区別もあいまいにする。それはある意味で、聴覚的世界と視覚的世界を再統合するものになるかもしれない。そこには、文字や活字の長所と電子メディアの良さを取り入れた新しい情報環境を創造できる可能性も開けるが、ＩＰｖ６によるアドレスの増加やウェアラブルなどの機器の多様化で、プライバシーに関する問題はますます複雑で解決が難しくなるだろう。

もしコンピューターがウェアラブルにならなかったとしても、街には監視カメラが多く配置され、映画「エネミー・オブ・アメリカ」のようにスパイ衛星や、さまざまな追跡装置で個人の名前や現在の位置を特定したり、インターネットの利用パターンを自動的に分析して、個人の行動を抽出したりするオンライン・プロファイリングという技術も研究されている。以前に米国や西側諸国で、通信ネットワークを盗聴するエシュロンというシステムの存在が明らかになったが、もともと冷戦時代に国家安全保障に関係すると思われる通信を軍などが傍受するもので、インターネットの時代に向け、デジタル情報を扱えるようさらに強化されているという。

こうした傾向は、ジョージ・オーウェルが『1984年』で予言したような、ビッグ・ブラザーによる高度監視社会を形成するのだろうか。コンピューターの黎明期から、電子ネットワークによる情報管理の高度化は論議されたが、今後のネットワーク社会では、それがもっと強力な体制になる可能性も否定はできない。しかし、これまでのプライバシーやセキュリティーの問題は、どこかが一方的に相手の情報を把握し、相手を支配するという構造で論議されてきた。もしウェアラブル・コンピューターのような環境が一般化して、相互の情報が均等にアクセス可能な機構ができれば、それは相互抑止力として働き、他人のプライバシーを恣意的に利用するという行為は行われなくなる、という論議もある。

インターネット上のコンテンツは、結局はメディアによって拡張された人間の感覚で、それを可能にしているのは個人の存在だ。人間の脳を外在化したコンピューターと、神経を拡張したネットワークを結び付けたインターネットは、こうした個人の存在を直接的に表現するメディアにもなっている。

99年にはオランダで、共同生活する9人の男女の私生活を24のテレビカメラと59本のマイクで収録した「ビッグ・ブラザー」というテレビ番組が放映されて高い視聴率を獲得した。彼らの生活は24時間監視されて、インターネットで放映され、毎週の人気投票で不人気な人を外し、最後に残った1人に賞金が渡された。この番組は欧州全域に広がり、米国でもCBSが同じ試みを2000年に行って好評を博した。プライバシーが危機に陥っているという論議がある一方で、自分の日記を公開したり私生活を映像で常時見せるホームページが出現したり、「ドット・コム・ガイ」というインターネットだけを使って生活しそれを公表する人が現れたりと、いまやプライバシーは隠すものというより、個人というコンテンツとしてビジネスの道具にもなっている。

インターネットの発達した社会が、部族的な社会に似てくるとするなら、それは活字文化によるプライバシー以前の世界に近いものになるだろうし、そこではプライバシーという概念自体が消滅している可能性も否定できない。個人の人格や尊厳はあるにせよ、暗号技術などによって情報をマスクすることができたとしても、インターネットのアクセスの多様化による利便性の確保は、プライバシーというものの意味付けを変えてしまう可能性がある。そこでは、われわれが20世紀まで活字文化から背負ってきた当たり前と思われる生命観や生活の基本となる価値観を、再度点検してみる必要も出てくるだろう。

無限のパラドックス

インターネットは現在も動き続けており、まだ「未来の未来」からその現在を正確に掴むことはできない。われわれはインターネットの最新テクノロジーを駆使していると思い込んでいるが、マクルーハンが言うように、実は知らない間にバックミラーに映った19世紀より前の世界を生きているのだろう。

しかしその世界は、無と無限が同時に存在する不可思議な場所だ。デジタルで記述された世界は、ニュートリノのように質量の感じられない0と1だけでグーテンベルクの銀河系を凌駕する未知の宇宙を開拓しつつある。そこでは無に近い個人の総和が、グローバル・ビレッジより大きな何かを形成し、空間と時間を無化する電子ネットワークが、質量のない情報を無限に流通させることで、新しい価値を生み出している。

活字印刷は中世から個人を解放したかに見えたが、結局は国家を強化して組織を中心に置く遠近法の世界を強化した。ところがグローバル・ビレッジは、国や組織が中心にあって個人が消失点にある遠近法ではなく、個人がパソコンをクリックすることで物を購入したり、情報発信やマネーの発行までも行える、いままでと逆の誰もを中心とする逆遠近法的な世界だ。そこでは個人の価値は、国や組織を分母として個人が分子となる限りなく無に近いものではなく、個人を分母にして全体を測ることで無限に近い可能性へと転化する。

しかしマクルーハンが夢みた、電子メディアが実現するグローバル・ビレッジというユートピアは、ひょっとするとアキレスとカメのパラドックスのように、そこに見えつつも永遠に追いつけない自己言及的な無限ループに、われわれを誘い込もうとする大きな渦かもしれない。それは、カオスと混乱がわれわれを破滅させようとする、計り知れないエネルギーの潜む深淵の縁とも考えられる。

マクルーハンはテレビや電子テクノロジーを果敢に論じたため未来学者と思われていたが、個人的にはテクノロジーを恐れ、活字文化の出現によって失楽園を経験した中世のカトリック教徒のように、失われた過去と直接的に交感できる道を夢みていた。しかし彼は、ただ懐古趣味でそれを語っていたわけではない。

同じカトリック教徒で司祭でもあったテイヤール・ド・シャルダンに影響を受けたマクルーハンは、『グーテンベルクの銀河系』の中で、ド・シャルダンが『現象としての人間』で述べた、人間の精神の進化が地球の規模を超え、コスミック・メンブレイン（宇宙皮膜）へと広がりヌースフェア（精神圏）へと上り詰めていく姿に共感し、「われわれの五感のこの外化こそ、ド・シャルダンが『ヌースフェア』と呼ぶもの、もしくは世界全体のために機能する、いわばテクノロジカル・ブレインを創造するものなのだ。巨大なアレクサンドリア図書館の建設に向かうかわりに、世界それ自体が、まさに初期の頃のSF本に描かれていたのとそっくりに、コンピューターとなったのである。そしてわれわれの感覚が外に向かったように、ビッグ・ブラザーはわれわれの内に向かう。そしてわれわれがかりにこの新時代の力学に気付かないときには、われわれは部族的太鼓の鳴りひびく小世界に似つかわしい世界、制することのできない恐怖の時代へと直ちに移行することになろう」と述べており、グローバル・ビレッジへの期待と同時に危惧も表明していた。

グローバル・ビレッジは、われわれを暗い中世に連れ戻すのか、はたまた現在に目覚めたわれわれをマクルーハンの垣間見たエデンの園に向かわせるのか。それを検討するのは、現在のわれわれに与えられた大きな課題だろう。

第4章　21世紀のマクルーハン

100歳にしてネット時代に甦る

2011年7月21日、マーシャル・マクルーハンは生誕100年を迎えた。この記念すべき日に、幸運にも東京の青山学院大学アスタジオで、「MM100　マクルーハン後のメディア世界」と銘打ったイベントを開催することができた(①)。

まず、会場を提供していただきテレンス・ゴードンの解説書『マクルーハン』(ちくま学芸文庫)の翻訳や『マクルーハンの光景　メディア論がみえる』(みすず書房)という著書もある青山学院大学の宮澤淳一教授によるイントロ、次にマクルーハンと息子エリック氏の共著『メディアの法則』(NTT出版)の訳者であるNTTスマートトレード社長の中澤豊氏によるテトラッドの解説に続いて、『ジェネレーションX』で有名なダグラス・クープランドが出したばかりのマクルーハンの伝記『Marshall McLuhan: You Know Nothing of My Work!』やウディ・アレンの映画「アニー・ホール」への本人出演の話題を交えて、マクルーハンの世間での評価について振り返った。その後は「現在のネット時代を、マクルーハンならどう評するか?」について、参加者全員で論議を展開した。トロント大学のマクルーハンの研究センターに留学経験のある中澤氏所蔵の貴重な文献も披露され、マクルーハンの活躍をリアルタイムで経験した世代と、それ以降の若い世代の参加者との交流も深まった。

それに加えて、エリック氏からこの会に寄せて届いた「メディア研究と理解はまだ幼年期にあり、やるべきことは山ほどある」というメッセージも披露し、100歳にちなんでマクルーハンの警句100本を集めた、松本弦人氏デザインによる電子書籍『マクルーハンはメッセージ』(BCCKS)

①

②

のプリント版を参加者全員に配布することもできた（②）。もともと宮澤氏や中澤氏と行っていた私的な勉強会で、その前年から企画していた手作りイベントだったが、この分野の研究者ばかりではなく、アーチストやメディア関係者も多数参加して論議が進んだ（この会の報告は『早稲田文学4』参照）。その後はアスタジオ内のレストランで誕生会を開き、その席の様子をエリック氏にもネットで届けることもでき、思いのほか盛大な会になった。

当然のことながら、マクルーハンの故郷であるカナダのトロントで大学関係者や友人が、また欧米のいくつかの研究グループも生誕100年を祝うイベントを開催しており、地元の新聞『グローブ・アンド・メール』や『ニューヨーク・タイムズ』なども彼の業績を振り返る記事を掲載していた。さらに、ツイッター上ではマクルーハンの警句を自動的につぶやくボットも登場したり、SNSのグループがネット上でイベントを開催したりするなど、世界的にこの偉大なメディア理論家の存在を再確認することで、現在のメディアのあり方や将来についてさまざまな論議が行われる機会となった。

また、その3年後の2014年4月16日には、東京・赤坂のカナダ大使館で、日加交流85周年に合わせ、「マクルーハンの跡を追って：『メディア論』刊行50周年」というイベントが開催された。館内のE・H・ノーマン図書館において、マクルーハンの助手をしていたトロント大学マクルーハン・フェローのデイヴィッド・ノストバッケン氏を招いたラウンドテーブルに参加し、日本の主な研究者（注）とマクルーハンの理論の今日的意義を討論し、ネット時代に研究を次のレベルの論議につなげていかなくてはならないという意見で一致することができた。

ラウンドテーブルに参加したのは主に大使館が呼びかけた関係者だけだが、その後には、地下のオスカー・ピーターソン シアターで、2002年にカナダ国立映画制作庁が製作し宮澤研究室で字幕を入れたドキュメンタリー映画「マクルーハンズ・ウェイク」（McLuhan's Wake）の一般向け上映会が行われた。マクルーハンが好きだったジェイムズ・ジョイスの『フィネガンズ・ウェイク』にひっかけたタイトルで、マクルーハンの覚醒、もしくは航跡、通夜とも読める。『機械の花嫁』の序文でも扱われたエドガー・アラン・ポーの『大渦巻』のエピソードをイントロに、主に『メディアの法則』を解説する形で、マクルーハンの理論と生涯を辿る作品だ。ナレーションは前衛的パフォーマンス・アーチストでルー・リードの妻でもあったローリー・アンダーソンや、一部を息子のエリック氏が担当し、またポー作品の映像に孫のアンドリュー氏も出演し、マクルーハンの講義やテレビ出演の映像に妻のコリーヌ氏やマクルーハンを知る教え子のニューヨーク大学のニール・ポストマン教授や友人たちの証言が彩りを添える見ごたえのある作品だった（この映画は現在ユーチューブでも視聴でき、disinformation社からＤＶＤ化されたバージョンでは、コリーヌ夫人のインタビューも収められている)。

上映会の前にはレセプションも行われ、内外から数百人の観客がつめかけ、改めてマクルーハンの理論や彼の生きた時代を再確認することができた。このイベントは、もともとカナダ大使館が同国の偉人を日本人によりよく知ってもらおうと企画開催したものだが、これだけの数の研究者や一般の観客が一堂にマクルーハンを囲む会は、日本では初めてではないかと思われるほど盛大なものだった(③)。

それからさらに3年経った２０１７年の7月21日には、今度はグーグルのロゴがマクルーハンの生誕１０６周年を祝うイメージで埋め尽くされた(④)。トップページの「GOOGLE」と書かれた文字に代わって、テレビ画面の中で話すマクルーハンのイラストに加え、彼が分類したメディアの時代区分である、「部族の時代」(tribal age)、「読み書きの時代」(literacy age)、「印刷の時代」(print age)、「電子の時代」(electronic age)

③平和博氏提供

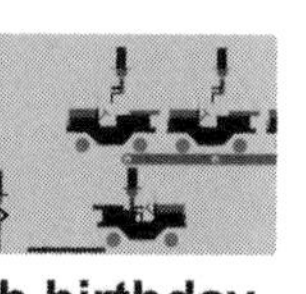

④

等をイメージした全6本のアニメーションが並び、マクルーハンの理論が象徴的に一目で分かるようになっていた。しかし最近の人には馴染みがないのか、ネット上では「マーシャル・マクルーハンって誰？」という声が多く聞かれ、それに応える形で解説記事が何本もアップされ、「いまから約100年前に生まれたにもかかわらず、ソーシャルメディアやビッグデータ、ネット炎上を予想していたんですね!!」と驚く言葉も上がっていた。

そうした動きに先駆けるように、もともとドイツのハンブルクの出版社で米西海岸に拠点を移して、1999年にマクルーハンの著作の全世界での販売権を獲得したGINGKO PRESSから今世紀に入って、マクルーハンの著書の新装版が相次いで出され、長年入手困難だった『Counterblast』や『From Cliché to Archetype』などの共著ばかりか、マクルーハン本人がエリザベス朝のトーマス・ナッシュについて1943年に書いた博士論文『The Classical Trivium The Place of Thomas Nashe in the Learning of His Time』（中世の三学 中世の学習におけるトーマス・ナッシュの役割）がやっと出版されることになり、もともとの本業だった英文学者としての評価もされるようになった。またマクルーハンと交流があったメディア研究者ポール・レヴィンソンも『デジタル・マクルーハン—情報の千年紀へ』（1999年、邦訳は2000年にNTT出版）に続いて2015年には前著を補足する『McLuhan in an Age of Social Media』（ソーシャルメディア時代のマクルーハン）を出しており、各国で引き続きマクルーハン関連の研究書出版が続いている。

日本でも以前にサイマル出版会から出されていた『マクルーハン理論—メディアの理解』という論文集が2003年に『マクルーハン理論—電子メディアの可能性』という題で平凡社ライブラリーに

収められ、2002年には『メディアの法則』、さらに2007年に『エッセンシャル・マクルーハン―メディア論の古典を読む』が相次いでNTT出版から出され、青弓社からは2003年にブルース・パワーズとの共著『グローバル・ヴィレッジ―21世紀の生とメディアの転換』が出版された。また2010年に河出書房新社から『新装版　メディアはマッサージである』が出た後に、それが2015年には『メディアはマッサージである―影響の目録』という題で改訳されて河出文庫に収められた。同社のムック「KAWADE　道の手帖」シリーズでは、2011年2月に『マクルーハン　生誕100年メディア（論）の可能性を問う』という特集号を出し、エリック氏のインタビューやジョン・ケージ、ナム・ジュン・パイクなどの論文も掲載した。

こうしてマクルーハン研究熱が再度活況を呈する中で、本家本元でもあるトロント大学で1963年にマクルーハンの業績を評価して設立されたマクルーハン文化テクノロジーセンター（The McLuhan Centre for Culture and Technology）の活動が新しいステージに入った。このセンターは、マクルーハンの死後に閉鎖されたが、バックミンスター・フラーやウディ・アレン、ピエール・トルドー首相（現ジャスティン・トルドー首相の父）らの呼びかけで1983年に再開され、1994年からは情報研究学部の管理下に置かれるようになっていた。2017年にはサラ・シャーマ教授をセンター長に迎えて、メディアと女性についての年間テーマに取り組んでおり、マクルーハンのいた時代から行われていたマンデー・ナイト・セミナーが再開され、デジタル時代におけるメディアのさまざまな問題を論じている。

また父の遺志を直接引き継いでいるエリック氏も、2003年にはマクルーハンのエッセイ集

『Marshall McLuhan : Unbound』を編纂したり、自身も2015年に『The Sensus Communis, Synesthesia, and the Soul : An Odyssey』という共通感覚を主題にしたメディア論を展開したりしている。最近は、彼の息子のアンドリュー氏が、祖父の遺品を整理してアーカイブ化を進めて、これまで公表されたことのない貴重なメモや写真などをフェイスブック（The McLuhan Institute）で公開しており、より身近にマクルーハンの研究ばかりか個人的な側面にまで触れることができる環境も整ってきた。

マクルーハンがこの世を去ってから40年近くが経ったが、いまだに彼とその理論をめぐる話題は尽きない。交流のあった同時代人も多くが世を去った現在、生誕記念などのイベントを行うことは回想やノスタルジーにひたるというより、本人を直接知る同時代の人々と語り合える貴重な機会でもあった。100年という時間は、個人を超えた世紀という歴史に踏み込む長い期間でもあるが、最近は人生100年の可能性も語られるようになり、人が感じ想像し自ら引き受けられる最大のリアルな時間幅とも感じた。

こうした機会に改めて、彼が生き、われわれの多くもが経験した20世紀のメディアの歴史を振り返ってみると、その変化の速度と激しさに驚かされる。特に彼が没した直後にはパソコンが出現して、10年ほどの間にインターネットも一般に開放され、いまではスマートフォンで誰もがSNSを日々操るような当時とはまるで違うデジタル・メディアの環境が整い、マクルーハン本人が想像もできなかったような変化が訪れている。ところが不思議なことに、マクルーハンのメディアの本質を捉えた論議は時代遅れになることもなく、かえって輝きを増してさえいる。

この章では再度、マクルーハンが生まれた約100年前の時代から始め、その半分の期間にあたる、マクルーハンが本格的な執筆活動を開始した50年前、さらにその半分のインターネットが普及し始めた25年前と、現在に至るまでのメディアの歴史を辿ることによって、今世紀に入ってからの状況をふまえながら、現在のメディアのある位置付けや将来までをマクルーハン理論をふまえて展望してみたい。

ベル・エポックと現在のメディア状況

2017年10月31日に、ドイツ東部ウィッテンベルクの教会でマルティン・ルターの宗教改革500年を祝う礼拝が行われ、ドイツ全土が宗教改革記念日を祝った。キリスト教神学者のルターが1517年のこの日に「95カ条の論題」と題した公開質問状を同教会の扉に張り出したことが、プロテスタント誕生のきっかけになったためだ。それまでカトリックが情報を独占してトップダウンで神の意志を唱えて権威を肥大化させ、免罪符の発行によって巨万の利を得ていたことに反発し、民衆が自ら聖書を読み信仰を積み上げていくよう説く、異議申し立てだった。

これはキリスト教会の内紛問題ではあるが、メディア論的にはむしろ、15世紀半ばのグーテンベルクの活版印刷の発明によって、知のボトムアップによる再編成と、視覚の優位が進行し始めるという大きな流れから生じた象徴的な事件と考えるべきだろう。それに引き続き17世紀の科学革命、18世紀の啓蒙思想や産業革命が起き、フランス革命とナポレオン体制以降の19世紀には、王政や貴族政などの旧体制と産業革命のもたらした新しいテクノロジーによる新体制がせめぎあいながら、現在のわれわれの社会の基盤となるメディア革命ともいえる大きな流れが進行していった。

マクルーハンが生まれた年は、1870年の普仏戦争が終結した後に第一次大戦が起きるまでの、ベル・エポックとも呼ばれる近代の成熟期で新しい文化や芸術が花開いていた時期のほぼ最後にあたる。この時代は日本でも明治維新の近代化が始まった時期だが、グラハム・ベルの電話（1876年）、トーマス・エジソンの蓄音器（1877年）や白熱電球（1879年）、ダイムラーの自動車（1886年）、コダック・カメラ（1888年）、映画（1895年）などの新しいメディアの発明が目白押しで、電車や飛行機も登場し、タイプライターや懐中時計が普及し、馬車に代わって自転車で誰もが自由に移動できるようになり、人々の生活が現在のデジタル時代のように大きく変わっていった。

ルノアールやドガ、マネやモネ、ロダン、ドビュッシーやサンサーンス、プルースト、アポリネールなど、現在も人気の高いキラ星のようなアーチストや作家たちが世界を席巻し、工業時代の画一性に反発するようにアール・ヌーボーのような自然回帰やジャポニスムを取り入れたアートも花開いていた。またマクルーハンが文学を志すきっかけともなったジェイムズ・ジョイスやステファヌ・マラルメなどのモダニストたちが活躍した時代でもあり、彼の著書にもこの時代への言及が目立つ。

マクルーハンも指摘するように、グーテンベルク以降の近代を崩壊させるきっかけとなった最初の電子メディアは、1840年代から普及が始まった電信だった。それまでは鉄道や馬によって運ばれていた情報が、光の速度で伝わるようになり、海底ケーブルで世界に延びた電信網により、地球の裏まで数週間かかった情報伝達が数分で完了するようになっていた。

桁違いの高速化が一気に実現したことにより、人々は時空が消滅したように感じるほどの衝撃を受け、それまでは考えもつかなかったようなメディアの劇変が起きていた。まさに活字と視覚が支配した近代が、電子メディアの登場によって崩壊し、聴覚や触覚が復権する、ポスト近代もしくは現代の先駆けともなる時期にあたる。

マクルーハンは「電信はすでに、新聞でも、詩でも、印刷された言葉の新しい形態を作っている。地球のいたるところから同時的に情報を集めることを可能にすることによって、電信による新聞はモザイク的で、同時性という本質的に聴覚的な性格を帯びるようになった」と述べているが、まさに電信の即時性と広域性の恩恵を最初に受けたメディアは新聞だろう。そして「新しい電子的な形式が紙の本を打ち負かしたことは、ちょうど本が手書きやそれにまつわる偉大な文化を破壊したのと同様で驚くにはあたらない」と、電子メディアによって可能になった近代の新聞誕生が、活版印刷による本の誕生に匹敵する大きな出来事であることにも言及している。

当初は電信が同じ情報をどこにでも瞬時に伝えることによって、それまで郵便を使って識者が政治や文化についての意見を述べていた新聞の役割は終わったとも考えられていた。ところが新聞は、世界中から毎日届く雑多で脈絡のない情報を、大きな紙面にモザイク状に並べて、蒸気などの動力機関を使って大量印刷ができる輪転機の力で、電信時代に爆発的に増えた情報を大衆に広く安価に伝えるマスメディアとして大きく躍進することになる。

電信（テレグラフ）という言葉を名前に冠した新聞が増え、海外からの情報を満載し速報を掲載していることを売りにしたが、イギリスでは１８５５年創刊の『デイリー・テレグラフ』がいち早く予約購読制から広告を取り入れて、1ペニーという低価格での販売を始め、100万部単位の発行部数を誇る大衆紙市場を作り、『デイリー・メール』や『デイリー・エクスプレス』などが続いた。またフランスでは『プチ・ジュルナル』や『プチ・パリジャン』、ドイツでは『ローカル・アンツァイガー』など、各国で大部数の大衆紙が活況を呈しマスメディアと呼ばれる大衆に向けたメディアが出現した。

米国で新聞が注目されたのは、1890年代にピューリツァー賞に名を遺すジョーゼフ・ピューリツァーの『ニューヨーク・ワールド』と、オーソン・ウェルズの映画「市民ケーン」のモデルともなったウィリアム・ハーストの『ニューヨーク・ジャーナル・アメリカン』が繰り広げた販売競争だ。両紙は人気の漫画「イエロー・キッド」の争奪戦を繰り広げ、大きな色付きの活字で中身のない、ねつ造や盗用されたニュースや人を驚かせるようなセンセーショナルな記事が満載され、価格競争の末1セントで売られた。このフェイクニュース満載の新聞はイエロー・ペーパーと呼ばれ、その姿勢は「イエロー・ジャーナリズム」と呼ばれ批判も浴びるようになる。

米国では1870年から1900年にかけて、新聞が376紙から2326紙へと6倍に増え、発行部数は350万部から1500万部と4倍になり、広告収入も1600万ドルから6倍の9500万ドルへと激増している。こうしたマスメディア出現の背景には、帝国主義や植民地主義の興隆によって、兵士や工場労働者を増強する必要にもせまられ、各国で19世紀末に開始された義務教育により、識字率が向上したという事情がある。そして植民地争奪戦が世界中で起こると、センセーショナルなニュースがさらに部数を伸ばす要因となり、1898年の米国とスペインがキューバやフィリピンの支配権をめぐって争った米西戦争では、ワールドは500万部、ジャーナルは100万部を売り上げたという。

『ニューヨーク・タイムズ』だけはこうしたセンセーショナリズムに対抗して公正な立場を強調して、信頼性の高い報道を目指すことを、「印刷に値するすべてのニュース」を掲載するというモットーを掲げて宣言したが、マクルーハンはこの「誇り高いモットー」は、実際には新聞が虚構であるという事実を宣伝している。書くためにはまず経験のなかから適当なものを選びだすという過程から、スキャナーとしての読者が読むために恣意的に項目を選ぶという作業まで、世界それ自体を印刷に適する何かとして見るうえで、何を選択するかという要素は大きい」と、新聞の編集機能から生じる恣意性をいち早く指摘していた。

マクルーハンは新聞というスタイルが、「そもそも最も自明なことが散文に翻訳されることで、かなり大げさに強調される。だから新聞では、どんな記述も真実とは言えない」と、客観性や正確さを歪めていることを指摘し、それによって逆に「真実に満ちた」かのような表現になると看破している。つまり新聞は、一人の著者が順序だって階層的構造で論を展開する本と違って、その日に起きた複数の著者による雑多で脈絡のない出来事を、限られたスペースに並べて、まるで世界中から事件を叫ぶ声がそのまま同時に聞こえるような聴覚的なメディアなのだ。中国語で「新聞」という言葉はニュースを意味するが、本来ニュースは紙に印刷して読む前に「新たに聞いて」語り継がれるものだった。そしてそれは社会の「集団的告白」であり、その全体は本の単一の著者の思考のように正確に因果関係や論理を追うことのできない異種のメディアであるという主張だ。

マクルーハンはまた、「現代の新聞は雨ごい師がそうであるように魔術的機関だ。それはわれわれの感情を解き放つために、そして一定の情動的状態に留めるために書かれる。それはニュースをかいつまんで理解するための合理的枠組みやパターンを与えるために意図されたものではない。それは出来事について洞察を与えることは決してなく、出来事のスリルを与えるだけだ」とも言っており、新聞のニュースが持つ情動的な効果に注意を喚起する。

現在はマスメディアとネットメディアの間で、どちらが正しいニュースを伝えているかをめぐって論争が絶えないが、これを旧体制と新体制のイデオロギーやビジネス論争で決着しようとするやり方には無理がある。それぞれのメディアが持っているシステムとしての得失を客観的に比較し、それに合わせた運用をすることが大切なことはメディア論が教えるところでもある。

現在盛んに問題となる「フェイクニュース」という言葉は、「マクルーハン的思考を実践した初めての大統領だ」（前首席戦略官スティーブ・バノン）とも言われ、ツイッターなどで世界に混乱をもたらしているトランプ米大統領が有名にした。それはニュースの報道の単なる誤謬にとどまらず、意図的な内容の歪曲や改竄までを意味するが、それが実際に行われた場合はデマや詐欺の領域にまで踏み込むことにもなる。しかし実際は、ニュースを伝える側が正しいと信じて伝えていることが、伝えられる側の意見と異なったり、伝えられる側の意図に反したりする場合がほとんどで、一つの出来事は映画「羅生門」のように見る者の立場で異なる、という現実をフェイクニュースという言葉が誇張しているにすぎない。マスメディアはこれまで、出来事の当事者ではなく、伝える者として透明で中立性を保ち、第三者としての読者や視聴者である公衆の立場で報じてきたはずだが、ネット時代にその立ち位置や関係性が揺らいでいることで、その透明性や中立性が色のついた偏ったものとして可視化され、「メディアのメッセージ性」が顕在化し始めているのだ。

マスメディアが伝えるニュースの大半は、起きた出来事の関係者からの情報を得てそれに専門家などの意見を加えて精査し、その日の状況に合わせて優先順位を付けて流される。読者や視聴者は、こうした作業を自ら行わない代わりに、マスメディアが伝える結果に対して対価を払うというビジネスモデルだ。ところが、こうしたニュース報道のプロセスの前半にあたる現場で発生したばかりの情報が、ネットを介して当事者や関係者から直接に読者や視聴者に伝わることで、読者が発信者となるという逆転現象が起き、従来のモデルはほころぶことになる。

現場からの発信の即時性や信憑性は、往々にしてマスメディアの組織的取材力を上回るものもあり、マスメディアが読者となってそうした情報を後追いする現象も起きる。そうして、オックスフォード辞典が「世論を形成する際に、客観的な事実よりも、むしろ感情や個人的信条へのアピールの方がより影響力があるような」と評した、いわゆる「ポスト真実」と言われる状況を世界中で生み出すようになってきた。マクルーハンが言うようにニュースはもともと「大量の集団的な好み」であり、「現在進行していて手に入る数え切れない行動や動機から公になったものの断片」で、それが「特別な公衆を作りマッサージする」のであり、それがネットで世界的に蔓延しているだけなのだ。

そして結局は、「編集方針のよしあしとはまったく関係なく、一般の人は地球のすべての部分から送ってくる人間的興味ストーリーに慣れてしまっている。世界的なニュース集めのテクニックそのものが、地域や国の政治的意見とは何の関係も持たない新しい心の状態を作っている。だから、ニュースがしばしばセンセーショナルなまでにばかげていても、信じがたくても、その効果全体を無効にすることはできない。この効果は、人間として連帯しているという深い感じを与えることができるからだ」と、新聞のメディアとしての機能が、論理以上に感情に根ざした連帯感の形成であったことに注意を向けている。

産業革命や科学的合理主義が躍進した19世紀末には、電子メディアによってマスメディア化した新聞が、現在のインターネットのように広がって、同じような役割を果たしていた。世界全体が共通の話題を瞬時に共有し、同時性や広域性に目を向けた合理性が力を持ち、いまだに貴族や王族の末裔が支配する政治やサロンなどの悠久の旧体制の場に、せかせかと経済価値で物事を判断する新体制とも言うべきブルジョワ階級が入り始めて文化摩擦を引き起こした。

こうした時代に起きた現象は、現在のネット時代を髣髴（ほうふつ）とさせる。それまでは郵便などにより週単位で更新された情報が、電信や電話の普及によって毎日リアルタイムで押し寄せ、懐中時計や腕時計の普及で秒針が登場して分刻みや秒単位で物事を評価するようになり、大量生産を行う工場がフレデリック・テーラーの考えた管理システムのように計画的に動き、その先に計画された未来を占うSF小説や推理小説が人気を博し、馬車より早く移動する鉄道の時間管理から始まって世界標準時が制定される。その結果、社会はより速く同期化して動くようになったが、その一方ではこうしたテンポについていけない人々のフラストレーションがたまり、アルコールや薬物への依存症が社会問題にもなった。

またそれとは逆に、ビクトリア朝にピューリタン的思想で抑圧されマイノリティー的扱いを受けてきた女性の解放が始まり、身体をしめつけない服を着て、自転車で自由に移動し、それまで男性に独占されていた職業やコミュニティーにも進出していく女性が増えて、女性参政権運動が活発になった。1900年のパリ万博は、電気時代のメディアが作り出す新世紀のイメージを、女性をシンボルにして演出した。

しかし、こうしたメディアの変化の底流で起きていたのはもっと大きな流れだった。活版印刷を契機としたルターの改革が、カトリックのトップダウン的な権威を、新しいメディアによって力を得た民衆のボトムアップの力に代えていくことで中世の体制を崩していったように、今度は電子メディアが、教会や貴族の権威を科学的合理主義やテクノロジーを手にした大衆の力に委ね、近代を揺るがしたのだ。

電子メディアは、活版印刷というメディアが中世と近世の間で果たしたような役割を、近代と現代の間で演じており、近代まで教会が持っていた権威は、今度は科学的合理主義やテクノロジーに委ねられることになる。人は土から創造されたのではなく猿から進化したとするダーウィンの理論や、眼前にいない人の声や情報をお告げのようにどこか遠方から送ってくる電子メディアのテクノロジーが、それまでの神の絶対的存在を危ういものにした。さらに教会が担っていた教育の機能を国家の義務教育が奪い、病人を介護するための施設は近代医学が支配する病院に渡り、牧師や神父の説教の代わりに人生論や正義を説くのは小説や新聞になり、教会の権威が揺らぐことで引き起こされた人々の宗教的不安がさまざまな現象を引き起こした。

その最も象徴的な動きは心霊主義やオカルティズムの台頭だろう。唯物論の高まりによって教会は魂の問題や来世への希望に十分応えられなくなり、科学的理論を否定するか、科学と折り合いをつけた折衷型の新理論を持ち出すしかなくなった。そういう不安を一気に引き受けたのが、新興宗教としての心霊主義だった。最初は1842年にアメリカで霊媒を介した死者との交霊会などを通して広まったが、1882年にはイギリスで心霊現象研究協会が設立され、ケンブリッジ大学のヘンリー・シジウィック教授が初代会長に選ばれ、『不思議の国のアリス』で有名なルイス・キャロル、美術評論家のジョン・ラスキンや、『シャーロック・ホームズ』のシリーズやSF小説でも有名なアーサー・コナン・ドイルや自然科学の重鎮も参加して、アンリ・ベルグソンなどの有数の知識人や文化人が集まる学会となった。またトーマス・エジソンも晩年は死者と交信するための電話を研究するなど、世界的なブームが続いた。

心霊主義を非科学的な迷信やトリックや手品として否定することは簡単だが、その時代における支配的な価値観が、新しいメディアの出現によって信憑性を失い否定され、その反作用として逆にもっと違う支配的な価値を求めるという、メディアと社会の相互作用によって生じる現象に注目すべきだろう。カトリックとプロテスタント、キリスト教会と心霊主義のような聖と俗の対立は、現在ではマスメディア対ネットという対立構図とも通じるものがある。情報の聖職者だったマスメディアが時代の要請に応えられなくなり信頼を失い、読者や視聴者が反発するのと同時に失われた聖なるものをヘイトや炎上など別の何かに求めているようにも見える。この時代のメディア状況を正確に理解することは、現在のネットの力学を考える上で非常に参考になるだろう。

そして結局、ベル・エポックの時代に急激に肥大化した新しいメディアの広がりとテンポについていけなくなった旧体制は、最後通牒への返事を電信や電話で、時間や分単位でせかされているうちに判断を誤り、第一次大戦に突入してしまう。

マスの時代におけるパーソナルへの覚醒

マクルーハンが世界的に注目される『グーテンベルクの銀河系』と『メディア論』を書いた1960年代は、戦後の情報化が始まり、「大型電子計算機」と呼ばれる部屋ほどの大きさのコンピューターが企業や研究機関で利用されるようになっていた。『メディア論』が出版された1964年にはIBMが、科学計算からビジネスまで360度全方位に対応できるというふれこみの「システム／360」を売り出して、世界中を席巻した。

当時世界最高性能を誇ったこのコンピューターの処理速度は、最大で1MIPS程度で、メインメモリーも最大8MBだったが、現在のインテルのチップは約32万倍の速度で動作し、家庭用のウィンドウズで使えるメモリーは2TBと、やはり数十万倍に達し、その頃の感覚から言えば、誰もがスーパーコンピューターを持っている時代が来たことになる。

マクルーハンはすでにコンピューターについても、ただの高速な電子式の計算機としてではなく、電子メディアの拡張系として、「数と統計の時代から、構造の同時的な意識の時代へと突入する」先駆けとして捉えて、「コンピューターは人類の技術の作り出したとてつもない衣服で、われわれの中枢神経を拡張したものだ。これと比べたら、車輪などただのフラフープ並みの発明だ」とも言っている。しかし、コンピューターはまだ「それ以前の効果を維持する媒介物として使われている」と考え、それが「機械時代全体を引き継ぐことができる。機械的状態のもとに行われたすべてのことは、比較的簡単にコンピューター化できる」という見解も述べている。

また、研究とコミュニケーションの道具としては「情報検索を増やし、大きな図書館組織を時代遅れにし、個人の百科全書的機能を引きだし、売り物になるような個々のニーズにあったデータを引きだす個人回路につなぐ」と効用を述べているが、当時のコンピューターはまだ機械作業の延長線上に現れたばかりで、情報という概念はあいまいにしか捉えられていなかった。

現在ではコンピューターをただの計算機というより、情報を処理したり伝えたりする道具と考えるようになったが、もともと情報という概念は明確に意識されてきたわけではない。この言葉は、19世紀にフランスの歩兵演習マニュアルを日本語に訳した際に「敵情を報知する」という表現から派生して使われるようになったもので、軍事機密や陰謀と関連付けられてきた。１９５７年10月にはソ連がＩＣＢＭの能力を誇示して、世界初の人工衛星スプートニクを打ち上げたことで、米ソを中心に「東西冷戦」が激化し、現在の北朝鮮の混乱と同じような状況が展開していた。ジェームズ・ボンドの００７に代表されるスパイ映画が全盛となり、「情報戦争」という言葉まで登場して、この言葉には暗いイメージが付きまとった。

情報が科学的な意味で研究されるようになったのは、第二次大戦中のレーダーや通信研究を通して、米ベル研究所のクロード・シャノンが１９４８年に『通信の数学的理論』を出し、情報量を数学的に定義し、またその単位をビットで表現してデータ伝送を正確に行える方法を提案することで、やっと学問として認知されるようになった。また同様に、ＭＩＴのノーバート・ウィーナーが、戦時中の大砲制御の研究を元に、人間と機械の情報的結合を示す「サイバネティックス」という言葉で人間と計算機の関係を理論化し、コンピューターなどを使って作業を自動化する「オートメーション」という言葉も使われるようになった。１９６０年にはユネスコの提案で情報処理国際連合が発足し、日本でも直後に情報処理学会が設立されている。

そして１９６０年代になってコンピューターは、ただの科学技術の数値計算や給与計算から、オンラインの予約システムなどにも使われるようになり、少しずつ社会に広がっていったものの、この言葉を正面切って取り上げる人はいなかった。しかし１９６３年1月には、文化人類学者の梅棹忠夫の「情報産業論」が大阪の朝日放送の月刊『放送朝日』に掲載され、テレビ、ラジオ、新聞、雑誌などのマスメディアを、情報を組織的に商品として提供する産業という意味で「情報産業」と表現して世間を驚かせた。そこでは情報を戦略的なインテリジェンスとして捉える従来の見方から、コンテンツとして捉える大きな転換があったが、情報産業は手で触れることのできないモノを相手にする「虚業」とされ、産業として成り立つための商品価値は、送り手と受け手の力関係によって左右される「お布施の原理」で決まると説かれていた。

梅棹は京大で今西錦司に師事し、朝鮮半島や樺太、内モンゴルなどを探査していく中で、動物学から生態学、文化人類学へと興味を移した。そして、世界の秘境を調査して言葉や風習も分からない現地人の世界観を探り出す文化人類学的手法を、まだ得体の知れない情報というものに当てはめ、マスメディアを情報産業と見切った。その姿勢は、中世文学読解の手法で近代のメディアを切ったマクルーハンと大いに通じるものがある。梅棹とマクルーハンは、電子メディアとしてテレビが興隆し、コンピューターが姿を現した戦後に活躍した同時代人として、いまでは情報やメディアと呼ばれる時代の奥に潜む無意識を可視化しようと、自分の専門分野の知識を駆使して理論化を試みていたのだ。

そして、情報という言葉を介して見たコンピューターの役割は、ただの計算機というより、人間の中枢神経系の拡張として、世界を情報として明確に理解するものであることが次第に明らかになってきた。さらに情報を操作することで、未来を予測するシミュレーションの技法が登場し、世界的なシンクタンクのローマクラブが、地球環境のシミュレーションを行った結果を、1972年に「成長の限界」という報告書で発表した。この報告書は、資源採取や環境汚染が続けば21世紀前半に世界が破綻するという警告を掲げ、世界に衝撃を与えた。

それに続いて、1978年にはフランスで、社会の情報化を「テレマティーク」と表現したシモン・ノラとアラン・マンクによる「ノラ＝マンク報告書」が出され、1980年にはアメリカの未来学者アルビン・トフラーが、人類の歴史で3度目の大変革として農業革命、産業革命に次ぐ情報革命が起きると説いた『第三の波』が出版されるなど、未来論が活況を呈した。これは、100年前のマスメディアの時代に、SF小説が盛んになり、シャーロック・ホームズやルパンの活躍する推理小説などが人気を博し、その後シュールレアリスムやキュビスム、未来派運動が始まるモダニズムの歴史を髣髴とさせる。

しかし、この時代の情報化を告げる基本的な動きは、もっと違うところで起きていた。1968年には、スタンリー・キューブリック監督の映画「2001年宇宙の旅」が封切られ、これに登場する人工知能スーパーコンピューターHAL9000が、ジョージ・オーウェルの『1984年』に登場するビッグブラザーさながらに人間を管理して、さらには宇宙飛行士を殺害するという、テクノロジーの恐怖を見せつけていた。

また同年12月には、この映画の未来像のような世界を、実際にコンピューターで再現するようなデモが、米サンフランシスコのコンピューター学会で行われた。当時のほとんどのコンピューターでは、タイプライターのように文字でコマンドを打ち込むのがせいぜいだったが、このデモを行ったマウスの発明者でもあるダグラス・エンゲルバートは、現在のパソコンのように画面で自由に情報を切り張りしたりリンクをさせたり、画像やテレビ映像もはめ込んだ未来のコンピューターの使い方を予感させるような機能を披露して観客の度肝を抜いた。この伝説的なデモは、この場に駆け付けたアラン・ケイやテッド・ネルソンなどの最先端のコンピューター研究者を驚かせ、後に「すべてのデモの母」と呼ばれるようになった。

実はこの年には、バーチャル・リアリティー（VR）の先駆けになるような、頭部搭載型ディスプレー（HMD）を使って、空中に描画した仮想のモデルを手に持ったペンで操作する、「ダモクレスの剣」と呼ばれるシステムが、アラン・ケイが属するユタ大学のアイバン・サザランド教授の下で動き出していた。サザランドはMIT在籍中の1963年に、コンピューターの画面で自由に図を描けるスケッチパッドというCGの元になるシステムを開発しており、コンピューターという新しいメディアが、情報という抽象的な実体を、視覚や聴覚や触覚を駆使して扱う研究をすでに進めていたのだ。

1960年代には、政府や大型コンピューターによる情報支配に対抗する、新しい世代のカウンター・カルチャー運動が沸き起こり、反体制や反戦運動の波がコンピューター研究者の世界にも押し寄せていた。若者たちはコンピューター時代の情報化や戦争への不安に反発するように、スピリチュアルやドラッグへと逃避していったが、これは19世紀末のマスメディア時代に起きた心霊主義の流行に近いものがある。

こうした文化運動の中心にいて、ドラッグ・カルチャーの教祖でもある作家のケン・キージーは、エンゲルバートのコンピューターを見て、コンピューターこそが、人間の精神的限界を打ち破る道具であることに気付き、「LSDの次はこれだ！」と叫んだと伝えられる。アップルの創業者スティーブ・ジョブズも、精神世界を探究しようと、LSDを使ったり、インドを放浪したりしていたが、カウンター・カルチャーを経験した多くの若者たちが、その後にシリコンバレーのベンチャー企業に自分たちの夢をつないでいった歴史を考えれば、キージーが直感したものは正しかったと言えるだろう。

また、エンゲルバートのデモを手伝ったスチュアート・ブランドは、この年に『ホール・アース・カタログ』という雑誌を創刊し、社会からドロップアウトしたヒッピーや旧体制に反発する若者たちに大きな支持を得ていた。ホール・アースとは宇宙から見た地球全体のことで、この雑誌の創刊号にはアポロ宇宙船から初めて撮られた丸く美しい地球の写真が飾られ、東西冷戦でいがみあう世界の混乱を、より一段高い宇宙からわれわれを眺めるという視点の転換が主張されていた。地上の国境など関係ない一体化した自然という視点は、国家間のイデオロギー闘争よりも、地球全体で環境問題や生命を論じる重要性に目を開かせるものだった。

スティーブ・ジョブズは2005年6月にスタンフォード大学の卒業式で、このカタログに出合ったことで人生に大きな影響を受けたと語り、このカタログの最終号に書かれた「ハングリーなままであれ。愚かなままであれ」(Stay Hungry. Stay Foolish)という言葉を引用した。現在、イーロン・マスクやジェフ・ベゾスが民間宇宙開発に乗り出しているが、『ホール・アース・カタログ』が提示したように、より大きな地球規模を超えたレベルの問題を設定して、その下位の問題として世界の現状を解決していこうとしているようにも見える。このカタログの中でも、コンピューターは新しいメディアであることが主張され、ロックバンドのエレキ・ギターに次いで、若者たちの新しい主張や表現のツールとして認知されていく。

こうした動きにコンピューターの目指すものに気付いたアラン・ケイは、ユタ大学の研究者からゼロックスのパロアルト研究所(PARC)に移り、未来のコンピューターのデザインを始めた。未来のコンピューターは人間に言われた仕事を忠実にただ処理する機械ではなく、人と共同して人間の可能性を高めるパートナーだと考えるエンゲルバートに影響され、マクルーハンのメディア理論にヒントがあるのではないかと、ひと夏を『グーテンベルクの銀河系』を精読するのに費やした。その結果、未来のコンピューターをインタラクティブな電子教科書のようなイメージで捉え、ダイナミックな本という意味で「ダイナブック」と名付けた。これは現在のiPadのような端末で、ネットワークにつながり仲間と情報を交流させることができ、絵を描いたり情報を調べたり、カリキュラムを通して学習できるものだった。

マクルーハンは「電子テクノロジーによって、人類すべての仕事は学習と知識の獲得になった。そしてすべての富の形態は、情報を移動することからもたらされるようになった」と指摘しているが、ケイはピアジェの下で教育理論を学んだシーモア・パパートなどの影響もあり、コンピューターが機械のように繰り返し作業を得意とするばかりか、教育のツールとして優れた機能を持つことにいち早く目を向けたのだろう。

このダイナブックの構想を通してケイが得た結論は、コンピューターはどこか中央にある大きな管理者のようなマシンではなく、本来は個人の力を増幅する道具で、「パーソナル・コンピューター」とも呼ぶべきものだということだった。まさに彼は、マクルーハンが中世の活版印刷の革命によって起きた情報の民主化と同じイメージを、現代の社会でパーソナル・コンピューターの中に見たのだ。

ちょうどコンピューターが人間と向き合い始め、アポロ宇宙船が月着陸を成功させた1969年には、現在のインターネットの前身にあたるARPAネットの実験が開始された。コンピューター同士をデジタル信号で自由につなぐネットワークは、19世紀の電子メディアである電信の次のステージを拓くもので、中枢神経の拡張メディアであるコンピューターが末梢神経としての電子ネットワークとつながり始めたわけだが、それが世界に認知されるまでにはまだ少々時間がかかった。

マクルーハンが看破したように、テクノロジーは人間の拡張としてのメディアを形成するもので、言葉や道具から始まり、家や都市まですべてが人間の意志の延長線上にある。それらは人間の能力の一部を拡張し、それによって人はその機能に対して、水面に映った自分の顔を見て変身してしまったギリシャ神話のナルシサスのように魅せられて麻痺してしまう。そしてテクノロジーによって作られた環境は拡大していくことで、逆に環境として人間の制約条件として働くようになる。

コンピューターはある意味、人間の中枢神経としての脳を全面的に模倣し拡張する道具だ。こうした鏡のように自己を全面的に投射した対象に向かうとき、人はどうなってしまうのか？　当時はコンピューターにとりつかれたように向かう一部の人々をハッカーと呼んでいたが、いまや誰もがそれを使える環境にある。おまけにそれらのコンピューターは、インターネットという神経網で相互につながれた、より大きなコンピューター環境として全世界の人々を取り込んでいる。われわれは自分の脳を拡張したインターネットという道具の作る世界の中で麻痺してしまい、この巨大な無意識の共同体の中で自らを見失っているのかもしれないが、その現実を理解する方法はあるのだろうか？

インターネットの次に来るもの

マクルーハンが活躍している時代には、すでに一部の大学でＡＲＰＡネットの研究が進んでいたが、まだ一般人がその存在に気付くことはなかった。彼がこの世を去った１９８０年には、アップルⅡはあったものの、まだ世界中のビジネスで使われることになるＩＢＭ　ＰＣは発売されておらず、パソコンを通信端末として使うパソコン通信も始まっていなかった。

しかし１９８０年代には世界的な通信自由化が始まり、日本でもコンピューターを意味する「情報」と電話を意味する「通信」が融合した「情報通信」という言葉が作られ、こうした機能を応用したサービスを日本では「ニューメディア」と呼ぶようになった。マクルーハンの理論は彼の死の直後に、記号論の復活とともに懐古的に論じられることはあったが、情報通信との関係において積極的に取り上げられることはなかった。

しかし、1990年代になってインターネットが学術研究以外にもビジネスや一般の利用に開放されるようになると、米デジタル・カルチャー誌『ワイアード』(WIRED)が、マクルーハンの理論がインターネットの理解に関して有効であることに注目し、彼を雑誌の守護聖人としてフィーチャーし、マクルーハンの著書も何冊か再版したことについてはすでに述べた。

この『ワイアード』の創刊編集長ケヴィン・ケリーが2016年に書いた『〈インターネット〉の次に来るもの』(NTT出版)は、まさにデジタル時代のマクルーハン理論とも読める。ケヴィン・ケリーはマクルーハンを守護聖人と呼ぶべく提言した張本人だが、マクルーハンについては、「彼の著作を真剣に読むものはいない。なぜなら彼は正しかったからだ」と述べている。マクルーハンがテレビを念頭に述べていた電子メディアの論理は、いまではそのままインターネットに当てはまり、テレビ時代以上に普及して環境化したネットの中で生きているわれわれにとって、そこで日々起きていることはマクルーハンがかつて言った通りの現象ばかりで、あえて読む必要はないということだろう。

しかしそう公言するケヴィン・ケリーは実際マクルーハンを熟読しており、彼独自の方法で、「魚にとっての水のような状態」になったネット環境を意識して可視化できるように、ネットの持つ力学を、Becoming(なっていく)、Flowing(流れていく)、Accessing(アクセスしていく)、Sharing(シェアしていく)といった一般的な12の言葉で表現し、それらを各章のタイトルとする本を書いた。

その論を要約するなら、ネット化したデジタル時代のメディアは結果よりプロセスが重視されサービス化し、リアルタイムにアクセスされてシェアされることのほうが内容の完璧さより重要で、いつでもデリバリーやレンタルができるサービスが増えて物を所有することがなくなり、車を持たずにネットでドライバーと利用者を結び付けてタクシーのサービスを行うUberのように、従来のサービスは機能に分解されて新たな形で組み合わさって、いままでにない社会システムや新規のビジネスが生まれるというものだ。特に彼が重視するのは、世界中がクラウドを介して電気のようにAIを利用することで、過去に蒸気や電気の力が古いメディアに加わることで産業革命が起きたように、次の時代の新たな革命的なイノベーションが起きると論じている。また、ネットの中を流れるデータは無限にコピーを繰り返し、ほとんどの情報は空気のような存在となるが、本当に価値がありビジネスの対象ともなるのは、個人の情報や経験、信頼性といったデータ化できない価値であり、そうした情報を伝えるためにVRのような視覚だけでないさまざまな感覚を伝えるテクノロジーが有効だと考える。

マクルーハンは新しいメディアに対して、本のような形式で理路整然と説くことの限界を痛感して警句が並んだような独特の文章を書いたが、それはもともと詩を書く技法だった。T・S・エリオットが文字を読めない人々に共感して「官界教育による文字教養では若い人たちが自分を知り、過去を知り、現在を知る能力を身につけることができない」と言ったことをふまえ、彼の詩作の方法を、「一般に普及しているラジオの真空管の配線の方法を、意味の形成と制御に直接に適用するもの」や「芸術的な制御の下に、同時代の人間のもつ日常の意識と文化を体験することの可能な直接的方法」と評価し、自分の論法に踏襲したのだ。ケヴィン・ケリーもまさに、デジタル時代のネットというメディアを順序立てて説明するのではなく、それらを構成する基本的な機能を12の言葉で部品のように分解して、それらを配線しなおすことで、インターネットという無意識から覚醒し、誰もがその次に来るものを創造できるよう試みている。

さて、電子メディアの最先端に位置する現在のインターネットと呼ばれるものの先にある、未来はどんなものになるのだろうか？

マクルーハンは『メディア論』の最終章「オートメーション」で、「電気時代のもっとも顕著な特徴は、われわれの中枢神経組織に極めてよく似た、全地球規模のネットワークが確立することである。われわれの中枢神経組織は電気的ネットワークであるばかりでなく、経験が一つに統一された場である」と言っているが、その言葉はまさにいまのインターネットを論じているようにも読める。そして、「われわれ中枢神経系を電磁気技術へと拡張し、翻訳したあとでは、われわれの意識をコンピューターの世界へ移すことは、その次にくる段階に過ぎない」とも述べている。

そして未来のコンピューターの役割について、「情報検索とは関係がなくなるだろう。それは純粋な発見と関係するだろう」と言い、コンピューターが記憶を自由に検索したり操ったりすることを可能にすることによって、「普通の知覚とはまったく異質の新しい神話的構造的意味を帯びるようになり」、「われ知らず神話的なもの、パターン、構造、プロフィールについての知識を明らかにする」とその効用を説く。そして未来のメディアは、「環境の共同体的内容として意識を加工する。そしてついには、補聴器くらいの大きさのポータブルコンピュータへとつながるかもしれない。それは現在夢が行っているように共同体的経験を通じて個人的経験を加工するだろう」とも言っている。

メディアは人間の意識を拡張するためのテクノロジーだと考えるマクルーハンにとって、人間の中枢神経としての脳を人工的に模したコンピューターと、それらを有機的につないだインターネットこそ究極のメディアだろう。だが、コンピューターは効率よく人間が苦手な仕事をこなしてはくれるが、「意味を理解するということに関しては人間の独壇場だ」と、その限界と人間の役割について指摘もしている。

2002年にグーグルの社内パーティーに参加したケヴィン・ケリーが、創業者のラリー・ペイジに、「検索サービスの会社は山ほどあるのに、なぜいまさら無料のウェブ検索サービスを始めるのか」と尋ねたところ、ペイジは「本当はAIを作っている」と答えたという。グーグルが創業当時から情報検索を武器に目指していたものは、AIという言葉で象徴されるマクルーハンが指摘するような人間の意識を電子メディアに移植し、その意識を加工する何かだったのだ。

現在のAIは人間の知的な活動を模倣して、人間より早くうまい解答を引きだす気の利いたソフトにすぎないが、世界中の人々がつながり、検索やソーシャルメディアを使ってさまざまなアイデアを流して、グーグルなどのクラウドに強化学習のためのビッグデータを提供しているというのが現状だ。こうして得られるAIの機能は、個別の問題の解決に役にも立つが、人類の意識全体をデータ化して構造化した巨大な意識の集合体でもある。さらにIoTなどを通して、これから人間以外の万物がつながるようになると、インターネット全体が自然をも支配する第2の環境になっていくだろう。まさにマクルーハンが、「詩人ステファヌ・マラルメは、世界は一冊の本の中につきると考えた。われわれはいまやこれを超え、すべての現象を1台のコンピューターの記憶の中に移しかえようとしている」のであり、人類の「生き残りはいま、環境としてのコンピューターの意識の拡張にかかっている」のだという言葉が、インターネットが普及した先に来る世界を暗示しているようにも思える。

マクルーハンはそういう時代には、人々はそれまでの機械時代とは逆に「あらゆる能力が同時に活用されることが要請されるので、あらゆる時代の芸術家たちのように、もっとも強く対象に関与している時に、もっともレジャーを享受するということになる」と述べ、さらに「消費者はオートメーション回路の中で生産者となる」とし、「これはモザイク的新聞を読む人が、自分自身のニュースを作り出しているのであり、あるいは自分自身がニュースになっているのと同じである」と続ける。ある意味それは、われわれが活字時代に放棄した部族社会時代の持っていた、専門家が生じる以前の何でも自分でこなすアーチスティックな感性が試される時代がやって来るということだろう。それは『メディア論』の中で引用された、バリ島の住人が述べた、「われわれは芸術なんてもたない。なんでもできるかぎりやるだけだ」という世界そのものだ。

マクルーハンは、イギリスの哲学者アルフレッド・ノース・ホワイトヘッドに関して述べた章に、「現在起きていることを注視する意思がある以上、不可避ということは絶対にない」という見出しを付けている。ケヴィン・ケリーの著書の原題は不可避（The Inevitable）だ。ケリーはこの本の前に『テクニウム』（2010年、邦訳は2014年にみすず書房から）で、テクノロジーは人間の恣意的で人工的なものにとどまらず、もともと宇宙に秩序をもたらすもっと広い原理（テクニウム）が発現したものだと考え、マクルーハンがテクノロジーをあくまでも人間の意志の拡張であるとした考え方をさらに広い文脈で捉えた。そういう意味で、マクルーハンを（情報）宇宙の力学を探ったニュートンにたとえるなら、ケリーはニュートン力学の限界を打ち破ろうとしたアインシュタインのような存在だろう。

ケリーが考えたのは、テクニウムという避けがたい原理に支配されたインターネットというメディアは不可避で、それをどういう言葉で理解すればいいのかということだった。こうした不可避な未来に対して、マクルーハンはその原理を理解することこそが、より大きな力に対抗し、自らの判断で支配されない自由を確保するための唯一の方法だと考えたが、ケリーも彼のメディア論に同じ思いを込めたのだろう。

さらにケリーは『テクニウム』の中で、宇宙は当初エネルギーが支配していたが、その後に物質が生成されて支配的な存在になり、さらに物質に一定の情報的な秩序ができることで生命が誕生することで、情報の支配力が増していると考える。エネルギーと物質の関係性は、すでにアインシュタインによって定式化（E＝MC²）されているが、物質と情報の関係性はまだだ。最近の最先端の宇宙論では、宇宙の現象はある抽象的な情報的空間が投射されたものであると考える、超ひも理論や、ホログラフィック理論も提唱されており、いずれは物質と情報の関係性を素粒子論なども含めて定式化することが可能になるかもしれない。そうなればメディアをさらに広い文脈の中で理解できるようになるだろう。

マクルーハンのメディア理論を読み返してみると、それは人間の感性を基本に、人間が自ら生み出したメディアというテクノロジーとどう付き合えばいいかという、極めて人間存在と深く関わる命題を相手にしていることが分かる。メディアについて理解するということは、逆にそこに映し出された人間を理解することでもある。19世紀の電子メディアである電信や電話が時空を歪ませた結果、人々は混乱し、神の代わりに亡霊を見た。しかしその亡霊は、フロイトが人間の深層心理を発見し精神医学が立ち上がるきっかけともなった。

21世紀のインターネットやＡＩが見ている世界は、シンギュラリティーというマシンが人間を超えたポスト・ヒューマンな世界なのかもしれないが、それはそこに映っている人間という存在のイメージに対する反語でしかないだろう。きっとこうしたメディアを通して論じるべきは、メディアそのものの性質もさることながら、人類がずっと歴史を通して問い続けてきた、人間とは何か？という根源的な問いかけへの答えかもしれない。

※注：日本側の出席者は、青山学院大学総合文化政策学部教授の宮澤淳一氏、元金城学院大学教授の中田平氏（『マクルーハンの贈り物―インターネット時代のメディアを読み解く』）、日立コンサルティングの小林啓倫氏（『今こそ読みたいマクルーハン』）、立命館大学准教授の粟谷佳司氏（『音楽空間の社会学―文化における「ユーザー」とは何か』）、北海学園大学教授の柴田崇氏（『マクルーハンとメディア論―身体論の集合』）、早稲田大学教授の有馬哲夫氏（『世界のしくみが見える「メディア論」―有馬哲夫教授の早大講義録』）、京都造形芸術大学教授の竹村真一氏（『地球の目線―環境文明の日本のビジョン』）で、服部が司会を務めた。肩書は当時のもの。

参考文献

※マクルーハンの（共）著書の邦訳で入手可能なもの

『機械の花嫁―産業社会のフォークロア』井坂学訳（竹内書店新社）１９９１

『グーテンベルクの銀河系―活字人間の形成』森常治訳（みすず書房）１９８６

『メディア論―人間の拡張の諸相』栗原裕／河本仲聖訳（みすず書房）１９８７

『メディアはマッサージである』南博訳（河出書房新社）１９９５

『メディアの法則』中澤豊訳（ＮＴＴ出版）２００２

『グローバル・ヴィレッジ―21世紀の生とメディアの転換』浅見克彦訳（青弓社）２００３

『マクルーハン理論―電子メディアの可能性』大前正臣／後藤和彦訳（平凡社ライブラリー）２００３

『エッセンシャル・マクルーハン―メディア論の古典を読む』有馬哲夫訳（ＮＴＴ出版）２００７

『新装版　メディアはマッサージである』南博訳（河出書房新社）２０１０

『メディアはマッサージである―影響の目録』門林岳史訳（河出文庫）２０１５

※邦訳されている欧米の関連書

『声の文化と文字の文化』Ｗ・Ｊ・オング著／桜井直文他訳（藤原書店）１９９１

『メディアの文明史―コミュニケーションの傾向性とその循環』ハロルド・Ａ・イニス著／久保秀幹訳（新曜社）１９８７

『プラトン序説』エリック・Ａ・ハヴロック著／村岡晋一訳（新書館）１９９７

『ポストメディア論―結合知に向けて』デリック・ドゥ・ケルコフ著／片岡みい子他訳（ＮＴＴ出版）１９９９

『デジタル・マクルーハン―情報の千年紀へ』ポール・レヴィンソン著／服部桂訳（ＮＴＴ出版）２０００

『マクルーハン』Ｗ・テレンス・ゴードン著／宮澤淳一訳（ちくま学芸文庫）２００１

『マクルーハンとヴァーチャル世界』クリストファー・ホロックス著／小畑拓也訳（岩波書店　ポストモダン・ブックス）２００５

※日本の研究者や評論家による関連書

『メディアの軽業師たち―マクルーハンで読み解く現代社会』竹村健一著（ビジネス社）２００２
『マクルーハンの贈り物―インターネット時代のメディアを読み解く』中田平著（海文堂）２００６
『マクルーハンの光景 メディア論がみえる［理想の教室］』宮澤淳一著（みすず書房）２００８
『ハイデガーとマクルーハン―技術とメディアへの問い』合庭惇著（せりか書房）２００９
『マーシャル・マクルーハン広告代理店。ディスクガイド２００枚。小西康陽。』小西康陽著（学習研究社）２００９
『ホワッチャドゥーイン、マーシャル・マクルーハン？―感性論的メディア論』門林岳史著（ＮＴＴ出版）２００９
『マクルーハンとメディア論―身体論の集合』柴田崇著（勁草書房）２０１３
『今こそ読みたいマクルーハン』小林啓倫著（マイナビ新書）２０１３

※その他

『インターネットの理解』アサヒパソコン増刊6月10日号（朝日新聞社）１９９５
『KAWADE 道の手帖 マクルーハン 生誕１００年メディア（論）の可能性を問う』（河出書房新社）２０１１
『早稲田文学４』「the century of McLuhan:1911-2011」（早稲田文学会）２０１１

おわりに

マクルーハンに多くの影響を受けたというアラン・ケイが好きな話に、まったくの運動嫌いの素人をあっという間にテニスの達人にしてしまうテレビ番組がある。テニスを教えるのに、マニュアルのようにグリップやスイングを一つひとつ教えるのではなく、ある動作全体の感じを歌うように声を使ってイメージ化して踊るようにこなす訓練をする。そうやって聴覚的な全体像が自分の中にできると、驚くべきことに番組が終わるまでにその人はしっかりラリーをこなすまでになってしまう。五感を全面的に関与させることは、未知のものの本質を直観的に理解する優れた方法なのだろう。

そのケイも参加したメディアラボでは、「未来は予言するものより、発明するものだ」というスローガンが唱えられた。

アーサー・シュレディンガーは『メディアはマッサージである』の書評で、「マクルーハンの理論をパースペクティブとか予言として読む人もいるだろう。パースペクティブとしてなら現代の文化について多くのことが言えるが、予言としては明晰でなく矛盾もあり、そう読むのは誤りだ」という趣旨の発言をしている。

『デジタル・マクルーハン』の著者ポール・レヴィンソンも「マクルーハンは慎重に予言というものを避けてきた」と言っているし、マクルーハンの長男エリック氏も、「父は予言しなかった」と断言している。そういう意味で、マクルーハンを題材にした本のタイトルを『メディアの予言者』(旧版）とするのは不遜なことかもしれない。しかし、この本はマクルーハンをノストラダムスのように扱おうという主旨で書かれたものではない。

人間の精神疾患の中には、現在や過去への拘泥がいろいろな症状を起こすものが知られているが、未来に関するものはほとんどないと言われる。もともと生物は、いまの次の瞬間から想像力の及ぶ範囲まで、未来に向かった存在だ。そうでなくては、複雑な自然との相互作用の中で生命を維持することはできないだろう。特に自らの存在をメディアによって拡張してきた人間にとって、そのスパンは他の生物を大きく超えたものになる。そしてそれは、新しいメディアが出現するごとに、より拡大された時間的・空間的地平の中で新たに意識せざるをえないものなのだ。

グーテンベルクの活版印刷は、それまで本を読む機会がなかった人々に歴史や未来について考えさせたし、電信や電話は個人が操作できる未来の可能性を大幅に広げた。インターネットはわれわれの中枢神経を世界全体に拡張し、さらに大きな可能性の中に未来を見るように誘う。そしてマクルーハンの著書はそれ自体が新しいメディアとして、クールな警句でわれわれの眠りを覚ましメディア本来の姿を気付かせることで、バックミラーを見ながら未来に突入していくわれわれ自身が、自らの未来を発明する目覚めた予言者となるよう仕向ける。

マクルーハンは、五感の比率をバランス良く持ったアーチストこそが見えない環境を明らかにしてくれると考え、ウィンダム・ルイスの「アーチストだけが現在の本質を認識しており、いつでも未来について詳細な歴史が書けるのだ」という言葉を引用する。彼はその栄誉をアーチストに贈ったが、彼の著書を読むと彼こそがそのアーチストに思えてくる。

インターネットの世界は、20世紀の行き着いたメディアの到達点として、われわれの存在を反映した巨大な鏡を形成しつつある。その鏡に幻惑されて、われわれ自身を見失わないためにも、彼が残した言葉に耳を傾けるべきだろう。

マクルーハンは『メディア論』の中で、「たとえ人がそこまで行くのに銃の助けを借りられたにしても、自分の向かっている方向が分からなければ自由ではない」という言葉を引用している。「真理があなたを自由にする」(ヨハネ福音書)と墓標に刻まれているマクルーハンのメディアとの付き合いは、きっと彼の未来を発明するための「自由への道」の探究だったのだ。そういう生き方をした彼の旅に付き合ってみるのは、決して無駄なことではないだろう。

本書は、著者が『インターネットの理解』(朝日新聞社)や『デジタル・マクルーハン』(NTT出版)の出版に関わることで、マクルーハンに興味を持っていることを知る柏木博氏に声をかけていただき実現したもので、この場を借りて感謝したい。廣済堂出版編集部の川崎優子氏と藁谷浩一氏にもいろいろお世話になった。

ハーバート・マーシャル・マクルーハンがこの世を去って20年が経った日に

服部桂

新版解題

本書は2001年に廣済堂出版から、廣済堂ライブラリーのシリーズ第3巻として、『メディアの予言者　マクルーハン再発見』として出版された拙書を元に、もともと3章で完結していた内容に、新たに第4章「21世紀のマクルーハン」を加え、さらに2011年に行われたマクルーハン生誕100年を祝うイベント「MM100　マクルーハン後のメディア世界」に記念品として配布した、マクルーハンの100の言葉を集めた『マクルーハンはメッセージ』という小冊子の内容を加えたものだ。今回は、旧版の編集者・藁谷浩一氏のおかげで新装版として世に出すことが叶った。デザインは『テクニウム』『〈インターネット〉の次に来るもの』に引き続き、川添英昭氏にお願いした。

廣済堂ライブラリーは、21世紀の知の復権を目指して、「未来を視る　時代を読む」という標語と、ユークリッドの三平方の定理をイメージしたロゴを配し、あえて人工的な色を排した白を基調にしたシンプルで上品なデザインで2001年4月から出版が開始され話題になったが、残念ながら2003年10月の第23巻をもって休刊となった。

旧版はもともと、インターネットが商用化されブームとなった1990年代のメディア状況の中で、その意味をマクルーハンの理論を通して探ろうとしたものだが、出版当時にはネットバブルが起きていたものの、ネットのインフラはISDNが始まったばかりで、まだ利用者数は現在の半分以下の5000万人ほどだった。グーグルが1998年に設立されたばかりで、フェイスブックやユーチューブ、ツイッターやLINEなどは存在せず、iPhoneもなくウィキリークスやスノーデンの事件も起こっていなかった。新たな章は元の本から17年経った現在、これまでの内容に最近の話題を加え、改めてマクルーハンとメディア状況を考えたもので旧版と若干重なる部分もあるが、独立した章として読んでいただいてもかまわない。

テクノロジーの進歩はいまや人類共通の関心であり、その象徴のようなインターネットに代表されるデジタル・メディアを理解することは、われわれの現在と未来を語ることとほぼ同義語だ。その変化は激しく、日々ついていくだけで精一杯の現在、人類は自らの生み出したテクノロジーにのまれて行く先を見失っている。

そうしたときに、マクルーハンが半世紀前に発見した方法論がいまでもメディアの理解に役立つことには驚くばかりだが、その理論は個々のメディアやテクノロジーにとらわれず、歴史的観点からもっと大きな人間とメディアの基本的な関係性やエコロジーまでを含んだものであり、いまも輝きを失っていない。

マクルーハンが言うように、未来の歴史は過去に書かれており、われわれが再びそれに目を向けて読まれることを待っている。インターネットの目まぐるしい動きに翻弄されずに、静かに彼のメッセージに耳を傾けてみれば未来が見えてくるのではないだろうか。

２０１８年３月４日

著者

1973-74年頃撮影。©Estate of Marshall McLuhan

マクルーハン100の言葉

マクルーハンの言葉の中で、最も知られているのは「メディアはメッセージである」という『メディア論』の第1章のタイトルにもなっている短いフレーズだろう。彼の書いた文章は、活字文化のリニアで順序立ったスタイルから脱皮した、ハイパーテキストのようなものが多く、こうした警句や見出しのようなフレーズだけを取り出してみたほうが、全体を見渡せる場合が多い。

人間の言語の歴史の中で、最も命脈を保っている言葉は、人間の本質を凝縮した諺のような短いつぶやきだ。マクルーハンも理論を長々と説明することは好まず、パラドックスのように見える言説に思いを込めることのほうが優れたコミュニケーションの方法であることを熟知していた。

以下には、マクルーハン生誕100年の記念イベントで配布した、マクルーハンのメディアの本質を言い表した珠玉のフレーズ100本を紹介する。一見矛盾するような表現からわきあがるメディアの正体を感じ取っていただければと思う。

マクルーハン本人も、「うまくいったら、それは時代遅れ」という名前のフレーズ集を作っていたが、本リストはそれも参考にしながら、これまでのマクルーハン本人や研究者の著作で選ばれたものから著者が気になった言葉を抽出して作成したもの。同じ主題について言及した言葉も複数存在するが、著者の好みで選択してある。気になる言葉があれば、マクルーハンの著作に直接あたっていただければ、また新たな発見もあるだろう。

1　私は説明しない、探究するのみ。

2　有罪判決は能率を上げるために行われるから、処罰には遅延が求められる。

3　ビジネスでは、「うまくいったら、それは時代遅れ」という言い回しがある。つまり物事は時代遅れになって初めて、誰もが馴染んでうまく行くようになるのだ。

4　ささいな秘密には保護が必要だが、大きな発見は大衆の不信感によって守られる。

5　永遠の監視の代償は無関心。

6　宇宙船地球号を運転しているのがいまだに電車の運転手であるように、NASAはいまだにニュートン力学で目標を定める人によって運営されている。

7　発明は必要の母。

8　利用者がコンテンツ。

9　専門家とは大きな誤りに向かっていくのに、決して小さな失敗をしない人のこと。

10　私の誤謬が間違っているとでも言うのですか？

11　都会や田舎に住む人にとって、車は自分を守り活動的にしてくれる甲冑の役目を果たすようになった。

12 現金は貧乏人のクレジットカード。

13 流行しているものは、通貨を生み出す。

14 過去の問題を解くのは簡単なのに、なぜ現在の問題はこうも解決が難しいのだろう。

15 答えはいつも問題の中にあり、その外にはない。

16 われわれはいつでも裸の王様の古い衣装は見えるが、新しい衣装は見えない。

17 個々の新しいテクノロジーによって変わるのは、額縁の中の絵ではなく額縁のほうだ。

18 われわれは自分の道具を形作るが、その後は道具がわれわれを形作る。

19 発見は無知を共有することから始まる対話の結果だ。

20 視点とは、構造的認識を記録するのに失敗した結果生じたものだ。

21 リテラシーを身につけた人は自然に、他人との違いに対して視覚的な解決法を夢見る。

22 この情報は極秘。読み終わったら、自分を廃棄しなさい。

23 大きくて得するのは、考えることを最小限にできること。

24 政治とは今日の質問に対して、昨日の回答を提供すること。

25 存在の連鎖や説明より、連鎖から失われたもののほうがはるかに注目を浴びる。

26 言語は経験を蓄積するばかりか、それを他のものに翻訳するメタファーだ。

27 大企業においては、新しいアイデアはすぐに叩きのめせるよう正面を向かされる。大企業においてアイデアを出す部署は、危険なウィルスを隔離する研究所のようなものだ。

28 心の糧は身体の糧に似て、出て行くものが決して入ってくるものと同じにならない。

29 統合失調症は文字使用の必然的結果かもしれない。

30 「子ども」は17世紀の発明であり、いわゆるシェイクスピアの時代には存在しなかった。彼らはそれ以前大人の世界に融合され、われわれが言うところの子どもの時代というようなものはなかった。

31 現代のアメリカの歴史はインディアンが白人を発見したことから始まった。

32 新しい知識は、それをどう使うかに対する無知を幾何級数的に増やす。

33 分類することはある問題の研究を開始することではなく終点だ。

34 光の速度では、政党や政策はカリスマ的イメージに場を譲る。

35 電気の速度では、あらゆる形式はその潜在力の限界まで押しやられる。

36 電子の速度は、どこにでも中心を作りだす。それこそがグローバルビレッジによる新世界だ。

37 電気の世界では多くのものごとがすべて関連し合っているので、人は責任を免れることはできない。

38 今日ではすべてが加速する傾向にあり、それによって空間は社会機構の主たる要因ではなくなった。

39 同時性は調和性を頑なに主張する。

40 情報とエンターテインメントの二分法は終わった。

41 ニュースはアート以上に人工的だ。

42 悪いニュースは変化の性質を明らかにするが、良いニュースでは分からない。

43 あらゆる社会において、すべての新しい環境は古い環境の強いイメージをつくり出す。

44 テクノロジーはどんな形で現れようと、われわれの最も親しんだ心理的経験を反映したものなのだ。

45 新しいテクノロジーはそれぞれの環境を作り、それは退廃して堕落したものと見なされるが、それがそれ以前のものをアートの形に変えていく。

46 環境は目に見えない。その基本法則である浸透した構造とすべてを包み込むパターンのせいで簡単には知覚できない。

47 車輪は足の、本は目の、服は皮膚の拡張であり、電子回路は中枢神経系の拡張だ。

48 宇宙船地球号には乗客はおらず乗務員だけ。

49 スプートニクの打ち上げで衛星時代が来て、この惑星は人工的な環境に包み込まれ、「自然」は終わった。そして地球（グローブ）はそれについて語るシェイクスピアの演劇を出し物にするグローブ・シアターへと変わった。

50 新しいメディアは人と自然の架け橋なのではなく、それ自身が自然なのだ。

51 新しいメディアは新しい言語であり、その文法と構文法は未だ知られていない。

52 光を例外として、すべてのメディアは一方が他方のコンテンツとしてペアで現れるので、両者の働きがよく分からなくなる。

53 世界で最大のプロパガンダは母国語だ。それを子どものときから無意識に学んでいる。それが一生われわれの認識を形作る。それこそ最大の極端なまでのプロパガンダだ。

54 言語が知性に対して行ったことは、車輪が足や身体にしたことと同じだ。そのおかげで、対象に関与することなく容易に動けるようになったのだ。

55 話し言葉は人類が自分の環境を新しいやり方で理解するために、それを手放すことができるようにする最初のテクノロジーだ。

56 活字印刷のテクノロジーがパブリックを、電気テクノロジーがマスを生みだした。パブリックは個人がばらばらに自分の視点を持って動き回る。しかし新しいテクノロジーは、こうした驕った姿勢と断片化したものの見方を放棄するよう要求する。

57 印刷機械は最初、シェイクスピアを除くすべてのひとびとによって、不朽の名声を作り出すマシンであると誤解された。

58 印刷技術の成果として予測できなかったものの中で最も有名なのは、ナショナリズムの発生だろう。

59 本の未来は自画自賛の宣伝文句。

60 コピー機はタイプライターで打った個人の秘密メモが公になるほど拡張したが、まさにそれを実証したのがペンタゴンペーパーだろう。

61 電信という電子的な形式が活字や輪転機と交差することで、近代の新聞が生まれた。

62 人々は実際には新聞を読んでいるのではなく、温かい風呂につかるようにそこに入り込んでいるだけだ。

63 新聞の日付をとってしまおう。するとそれはエキゾチックで魅惑的なシュールレアリストの詩になる。

64 電話を手にして決定を下す人は、代表権ではなく知識の権威を執行する。

65 電話をかけたり無線で話したりしている人は、身体を失った誰でもない人になる。

66 電話は壁のない話し言葉。電報は壁のないミュージックホール。写真は壁のない美術館。光は壁のない空間。映画やラジオ、テレビは壁のない教室。

67 テレビにとっては視聴者がスクリーンだ。

68 テレビは危機のときだけ奉仕のメディアになる。

69 非常に個性的な顔をした人はテレビの映りが悪い。それに対して田舎の老人のような人やハチャメチャな性格の人はテレビでは受ける。

70 テレビが古いテクノロジーになって初めて、それの持つ輝かしい特性を本当に十分に理解できるようになる。

71 人々はテレビに映った戦争を受け入れないが、映画に撮られ新聞の記事になったものなら受け入れる。テレビに映った戦争は、あまりに身近過ぎるのだ。

72 ポルノは19世紀に写真専門家ができたことで初めて生まれた。

73 写真は不思議なもの見慣れないものと出合うという旅行の目的を逆転してしまった。

74 無意識はすべてのものを一瞬にして貯蔵する。あなたが情報を電子的に移動し始めたら、あなたは外部に潜在意識を創造し始めていることになる。

75 教育とはメディアの死の灰に対する市民の防衛だ。

76 安価で専門化した教育で困るのは、いつまでも支払いし続けないといけないこと。

77 都市は観光向きの文化的幽霊としてならともかく、もう実在しない。どのハイウェイの食堂にもテレビがあり、新聞があり、雑誌がある。それはニューヨークやパリとまったく同じようにコスモポリタンだ。

78 広告は広告を広告するもので、それのみによっての意味はない。

79 広告は20世紀の洞窟アートだ。

80 広告はニュースだ。どこが悪いかといえば、それがいつでも良いニュースであること。その効果のバランスを取っていいニュースを売るには、新聞やテレビには大量の悪いニュースが出ていることが必要になる。

81 本当にクールな宣伝は敵からもたらされる。彼らは絶え間なくタダで働いてくれるから。

82 今日ではビジネスのビジネスが、不断に新しいビジネスを発明している。

83 時代や場所の最前線にいる人は、それ以前のアイデンティティーを放棄する。近隣はアイデンティティーを付与し、最前線はそれを奪う。

84 ある組織内で地位が上がれば上がった人ほど、早く落ちこぼれになる。なぜなら彼はより現場から離れていくからだ。

85 プライバシーの侵害は、いまでは最大の知識産業だ。

86 犯罪者はアーチスト同様、社会の探究者だ。

87 人間はまるで植物とミツバチの関係のように、機械の世界の生殖器となって、それを受胎させ新しい形へと進化させる存在となる。機械の世界は人間の愛に対し、望みや欲望を広げる形で報いるが、つまりそれこそが富というものなのだ。

88 たぶん人間の最も貴重な財産は、ずっと「適切な比例のアナロジー」に気付いていることで、それこそがすべての形而上的な直観の鍵であり、たぶん意識の基本条件そのものだ。

89 パラドックスはどんな問題にもある相矛盾する側面を把握するためのテクニックで、複雑な過程の様々な局面を一瞬にして圧縮して合体する。

90 デカルトが機械主義のサーフィンを楽しんだように、ハイデガーは電子時代のサーフィンを楽しむ。

91 ポーと象徴派が文学における非理性を探究しているそのとき、フロイトは意識と無意識の共鳴的な図と地の複線構造の探究をすでに始めていた。分類することはある問題の研究を開始することではなく終点だ。

92 いまだかつて、戦争がテクノロジーの変化を加速しなかったことなどない。

93 未来のコンピュータの本当の仕事は情報検索とは関係がなくなるだろう。それは純粋な発見と関係するだろう。

94 部族的な世界では無意味な話だが、文字社会では数や統計が神秘的で魔術的な無謬性神話に取って代わる。

95 部族的な人間はわれわれの分断化された感覚によるセックスについてはまるで気付かない。

96 現在起きていることを凝視する意思があるなら、不可避ということなど絶対にない。

97 役者は詩人が言葉を纏うように観客を纏う。ストリッパーは服を脱ぐことで、観客を纏うのだ。

98 私は間違っているかもしれないが、決して自分を疑ったことはない。

99 われわれはバックミラーを通して現在を見ており、未来に向かって後ろ向きに進んでいる。

100 明日とはわれわれの恒常的なアドレスのこと。

マクルーハンはメッセージ

メディアとテクノロジーの未来はどこへ向かうのか?

2018年5月20日　初版第1刷発行

著者　服部 桂

発行人　永田和泉

編集　藁谷浩一

発行所　株式会社イースト・プレス
〒101-0051 東京都千代田区神田神保町2-4-7
久月神田ビル
Tel:03-5213-4700　Fax:03-5213-4701
http://www.eastpress.co.jp

デザイン　川添英昭

DTP　臼田彩穂

印刷所　中央精版印刷株式会社

定価はカバーに表記してあります。

乱丁・落丁本がありましたらお取替えいたします。

本書の内容の一部あるいは全部を無断で複製複写(コピー)することは、法律で認められた場合を除き、著作権および出版権の侵害になりますので、その場合は、あらかじめ小社宛に許諾をお求めください。

©HATTORI,Katsura 2018
PRINTED IN JAPAN
978-4-7816-1670-4